나는 게이머입니다, 아 여자고요

나는 게이머입니다, 아 여자고요

그냥 게임이나 하고 싶었던 한 유저의 분투기

초판 1쇄 펴낸날 2020년 8월 20일

지은이 딜루트
펴낸이 이건복
펴낸곳 도서출판 동녘

전무 정낙윤
주간 곽종구
책임편집 정경윤
편집 구형민 박소연
마케팅 권지원
관리 서숙희 이주원

등록 제311-1980-01호 1980년 3월 25일
주소 (10881) 경기도 파주시 회동길 77-26
전화 영업 031-955-3000 편집 031-955-3005 **전송** 031-955-3009
블로그 www.dongnyok.com **전자우편** editor@dongnyok.com
인쇄·제본 새한문화사 **라미네이팅** 북웨어 **종이** 한서지업사

ⓒ딜루트, 2020
ISBN 978-89-7297-962-3 (03690)

• 잘못 만들어진 책은 바꿔드립니다.
• 책값은 뒤표지에 쓰여 있습니다.
• 이 도서의 국립중앙도서관 출판시도서목록(CIP)은 e-CIP홈페이지(http://www.nl.go.kr/ecip)와
  국가자료공동목록시스템(http://www.nl.go.kr/kolisnet)에서 이용하실 수 있습니다.
  (CIP제어번호: CIP2020027662)

나는 게이머입니다.
아＿여자고요

- 그냥 게임이나 하고 싶었던 한 유저의 분투기 -

딜루트
지음

동녘

일러두기

1. 단행본, 신문, 잡지 등은 《 》안에, 게임, 영화, 방송 프로그램 등은 〈 〉안에 넣어 표기했습니다.
2. 이 책은 웹진 《더핀치》에 연재된 〈어떤 게임이냐 하면〉, 〈어디에나 있는 평범한 게이머〉에
   실었던 글들을 다듬고 새로운 글을 추가해 엮었습니다.

정말 그렇게 없었을까?

그런 시절이 있었다. 게임을 하면 두뇌 계발이 된다고 TV 나 신문 등에서 온갖 게임기를 홍보하던 시절. 오락실의 입 구에는 항상 조잡한 스티커로 '지능 계발'이라는 문구가 붙 어 있고 브라운관 TV에는 16개도 안 되는 그래픽과 조잡 한 음악이 커다란 재미를 주던 시절. 또래 친구들이 갖고 싶어 하던 선물 1위가 전자 오락기였던 시절.

지금이라고 다를 것도 없지만, 장난감은 남성용과 여성 용이 암묵적으로 정해져 있었다. 게임기는 주로 남자아이 들의 몫이었다. 어쩌다 기회가 되어 게임기를 얻게 되더라 도 게임 타이틀의 선택권은 전적으로 게임을 사주는 어른들에게 달려 있었기 때문에 어린 시절의 내가 게임을 고르는 데 몇 가지 암묵적인 규칙이 있었다. 탱크가 나오는 건 탈락, 총을 쏘는 건 탈락, 싸우는 게임은 탈락. 물론 사람의 기분에 달린 문제라 이런 장르의 게임들을 정말 하고 싶다는 내색을 보이면 "이건 남자애들이나 하는 건데 우리 애들은 그냥 하더라" 같은 소리를 감내하고 즐겨야 했다.

게임 시장이 커지면서 온갖 게임들이 쏟아지자, '여성을 위한' 또는 '여아들을 위한' 게임이라는 홍보 수식어를 내건 게임들이 은근슬쩍 판매되기 시작했다. 안타깝게도 이것들은 어릴 때 TV에서 만화 캐릭터 신발 광고가 나올 때 곁다리로 끼워 팔던 핑크색의 '여아용' 신발과 크게 다르지 않았다. 게임 시스템은 또 어찌나 조악한지 옷 갈아입기, 화장하기, 색칠 공부 같은 대충 얼기설기 끼워 맞춘 콘텐츠로 '여심 저격'을 하겠다니, 어떤 상상 속의 여자들이 그 게임을 할 거라고 생각했는지 괘씸하게 느껴질 정도다.

언제부터 게임이 남자들만의 문화로 자리 잡게 되었을까? 초창기 게임 시장 속에서 〈보글보글〉이나 〈너구리〉, 〈남극탐험〉, 〈테트리스〉 같은 게임들은 플레이어의 성별에 구분을 둔 게임들이 아니었다. 단순한 컬러로 구성된 화면 앞에 삼삼오오 모여 앉아 자신의 차례가 올 때까지 기다리며 떠들 뿐이었다.

지금은 어떠한가? 스마트폰 세상에 와서는 남녀노소 할 것 없이 〈앵그리버드〉나 〈캔디크러쉬사가〉 등의 캐주얼 게임을 플레이하지만, 게임 쇼에서 주목받는 게임들은 거대 자본을 들인 '총 쏘는 게임'이나 '스포츠 게임' 같은 것들이다. 캐주얼 게임의 성공은 단순히 '운이 좋아서' 또는 '아이디어가 좋아서'라고 생각할 뿐, 그 현상을 심도 있게 분석하지 않는다. 그렇기에 눈에 보이는 아이디어만 적극적으로 베낀 카피 제품만 쏟아내며 시류에 편승하려고만 한다.

2020년 봄에 출시된 〈동물의 숲〉이 엄청난 인기를 끌고 전국적으로 품귀 현상을 일으킬 때, 이 게임이 '여심을 저격'해서 성공했다는 기사를 본 적이 있다. 도대체 그 '여심'이 뭐냐고 물어보면 명확하게 대답할 사람이 얼마나 있을까? 경쟁적인 요소가 없고, 아기자기해 보이고 귀여운 이미지인데 인기가 있으면 '여성용 게임'으로 취급해버리는 게으름은 게임 업계가 소년을 위한 마케팅을 해온 이래로 변하지 않고 계속해서 이어지고 있다.

그렇게 게임의 주류 문화는 남성을 주고객으로 설정하고 '여성용 게임'을 하위 문화로 따로 분류해왔다. 이런 분위기 속에서, 업계나 다른 게이머가 보기에 '여성 게이머'

는 어떤 존재일까? 대형 게임 광고에서 말하는 '게이머'에 여성이 빠져 있다는 사실을 알아차렸을 때는 이미 늦은 후였다. 오프라인으로 만나 함께 게임했던 수많은 여성 친구들은 이미 게임을 그만두었고, 온라인상에서 만날 수 있는 먼 곳의 여성 게이머들은 "계집애들은 여기서 어울릴 생각하지 말고 꺼져라"(순화된 표현임)라는 이야기를 듣고 물밑에 숨었다. 놀이터의 불균형을 눈치채고 여성들이 자신들의 공간에 모이면, 그런 공간을 또 어떻게 알아내고 굳이 찾아와 "우리의 게임판에서 나가라"며 쫓아내려 들거나, 동물원 원숭이 구경하듯 바라볼 뿐이다.

내가 게임을 즐긴 기간은 절대 짧지 않다. 유치원 때부터 시작된 나의 게임 사랑은 장르와 종목을 바꿔가며 계속해서 이어져왔다. 어릴 때부터 게임을 했다고 하면 "오빠가 알려줬나요?" 하고 물어보는 사람도 꽤 있는데, 정말 그냥 남들이 게임하듯 시작했다(여자는 함께 사는 남자 형제의 영향을 받아야 게임을 쉽게 시작한다고 여기는 걸까?). 중·고등학교 때도 내 주변엔 항상 게임을 같이 즐기는 여자 친구들이 있었다. 그중에는 물론 오빠한테 게임을 배운 친구들도 있지만, 그렇지 않은 친구들도 많았다.

주변에 그렇게 많은 여자 청소년 게이머들이 있었는데

도 나는 스스로를 '여자이지만 게임을 하는' 특이한 케이스라고 생각했다. 주변에서 그런 식으로 취급했기 때문이다. 어릴 때 게임했던 환경을 돌이켜보면, 함께 오락실에 가서 리듬 게임을 하는 언니나 동생이 늘 있었고, 어드벤처 게임을 좋아하는 친구도 있었다. 각자의 게임 CD를 교환해서 플레이하기도 하고, 친구 집에 놀러가 밤새 게임 얘기를 하던 날도 있었다. 특별할 것 없는 나날이었지만 우리의 놀이는 그저 '여자애들답지 않은 장난감'을 가지고 놀았다는 이유로 특이한 케이스인 듯 다뤄진 것뿐이었다.

그 당시 많은 집에 개인용 컴퓨터가 있었고, 그 안에는 게임 또한 존재했다. 오늘날에는 컴퓨터의 자리를 개인용 스마트폰이 차지하고 있다. 성별과 나이를 막론하고 모두가 게임을 접하기 쉬운 환경에서 살아가게 된 것이다. 어린 시절 함께 게임을 즐기던 친구들은 지금은 어디에서 활동하고 있으며, 왜 자신을 드러내지 않게 되었을까?

많은 사람이 청소년기를 거치면서 놀이 문화로 게임을 선택하는 것이 자연스러운 시대다. 그 과정에서 때때로 타인의 시선에 의해 게임을 그만두기도 하고, 자기가 즐기는 것이 게임이라는 자각이 없을 때도 있을 것이다. 나는 이 문화가 접근하기 어렵거나 배우기 까다로운 문화가 아닌

데도 왜 '남성들만의 것'으로 취급되고 있는지 의문이 생겼고, 점차 그 문화가 여자아이들을 적극적으로 몰아냈기 때문이라는 생각이 들었다.

"어릴 때 신나게 했으니 이제 동생한테 양보하고 그만둬" 같은 이야기를 듣고 차츰 게임을 그만둔 친구들도 있고, 온라인 게임을 즐기다가 우연히 자신의 성별이 드러나면서 겪지 않아도 될 일들을 겪은 뒤 점점 게임을 줄인 친구들도 있다. 나는 그게 당신의 잘못이 아니라고, 당신이 잘못해서 그런 불쾌한 일을 겪은 것이 아니었다고 말해주고 싶다. 여성 게이머는 어디에나 있고, 앞으로도 있을 테니까.

체크리스트

나는 게임을 하면서 몇 번이나 이런 이야기를 보고 들었을까?

뭐? 너 게임한다고? 심즈? 앵그리버드?	☐
오, 여자치곤 잘하네?	☐
아 여자가 뭔 게임을 해 밥이나 해.	☐
여자 분이라 잘 모르시는 것 같은데 이 캐릭터는 이렇게 하는 게 아닙니다.	☐
걔 뭐 게임 한번 시킬려면 어르고 달래야 돼서 피곤해.	☐
○○는 우리 게임의 간판이야.	☐
○○(여성 프로 게이머) 게임하는 거 봤냐 게임을 그렇게 잘하면 뭐해 얼굴이 어휴.	☐
네가 아무리 잘해봤자 남자들에 비해 딸리는 건 어쩔 수 없어.	☐
○○님, 저도 님처럼 게임 하는 여자분들 존경하는데 시간 되면 한번 얼굴 뵙고 이야기 나누고 싶네요. ^^	☐
님 같은 여성 유저보고 뭐라고 하는 게 아니고요, 여성 유저의 특성상 차이가 생기는 건 어쩔 수 없다는 거죠 ^^	☐
○○(게임 캐릭터 이름) 되게 창녀 같지 않냐 가슴이랑 옷 좀 봐라.	☐
게임? 너도 그럼 코스프레 같은 거 하는 거야?	☐
○○(게임 캐릭터 이름) 꽃뱀짓 하는 거 때려죽이고 싶다.	☐
남자들 코인 받고 올라갔으면서 페미 얘기 하는 건 키워준 사람에 대한 배신 아니냐?	☐
○○? 걔는 여자 아니지 실력도 외모도 ㅋㅋ	☐
○○(게임 업계에서 유명한 실존 여성 인물)는 분명히 성적으로 문란할 것이다.	☐
나도 너처럼 게임하는 여자친구 한명 있으면 좋겠다 아니 꼭 니 얘기가 아니고.	☐

차례

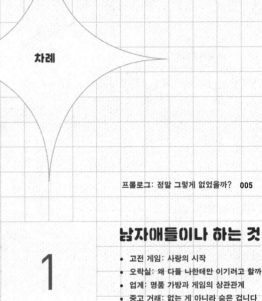

남자애들이나
하는 것

고전 게임 :
사랑의 시작

몸이 약해 잔병치레가 잦았던 탓에 어릴 적에는 나가서 뛰어놀기보단 누워서 책을 보는 걸 좋아했다. 책 속 주인공과 함께 마법 양탄자를 타고 푸른 장미를 찾아다녔고, 단추로 수프를 끓였다. 도적들에게서 도망쳐 수십 개의 문 앞에 같은 무늬를 그려 넣고 숨죽여 지낼 수 있는 공간이었다. 전 세계의 수많은 모험 속 이야기들과 함께 여기저기 뛰어다니다 보면 나도 모르게 굉장한 사람이 된 것 같은 느낌이 들었고, 자연히 모험담 속의 주인공에게 감정 이입할 수밖에 없었다.

공주들이 나오는 동화는 싫었다. 그들은 잠이 든 채로 왕자가 깨워줄 때까지 기다리고, 사람들이 마녀라고 놀리며 괴롭혀도 묵묵히 백조를 위한 옷을 만들어주고, 목소리를 잃고 남 좋은 일만 하다가 거품이 되어 사라졌다. 많은 동화 속 공주들은 내내 고생을 하다가 막판 몇 쪽이 남았을 때 겨우 고통을 이겨내고 "행복하게 살았습니다" 하고 끝났는데, 동화 속 주인공에 쉽게 몰입하던 나는 누워서 기다리기만 해야 하는 공주들이 답답하게 느껴졌다.

그래서일까. 동화 속 여성 주인공에 대해 남아 있는 긍정적인 기억은 거의 없다. 굳이 꼽아 보자면 교육용 역사 만화 전집 한 권을 차지한 잔 다르크 이야기 정도였다. 평범한 소녀가 신의 계시를 받고 영웅이 되어 전쟁터에서 앞서 나가 싸우다니, 얼마나 멋진 이야기인가. 처음 잔 다르크를 만났을 때, 두근거리는 가슴으로 그의 이야기를 읽어 내려갔던 기억이 생생하게 남아 있다. 그러나 전쟁터에서 싸우던 영웅은 결국 마녀로 몰려 불타 죽었고, 비참하게 사라진 영웅의 최후는 두근거리며 몰입했던 만큼 어린 마음에 커다란 충격을 남겼다.

그 역사 만화 전집에는 책등마다 그 역사의 중심이 되는 인물이 그려져 있었다. 전집을 수없이 반복해서 읽었지만, 잔 다르크와 백년전쟁을 다룬 부분을 읽을 차례가 되면 다시 펼쳐보지 못했다. 책등에 그려진 잔 다르크의 모습만 계

속 바라보다 그가 불타 죽는 모습이 떠올라 결국 다른 책을 고르곤 했다.

모험을 떠나고 싶었다. 이야기 속 영웅처럼 말 위에서 악당과 칼싸움을 하고, 상대방과 힘의 차이가 너무 커서 도저히 이길 수 없을 것 같은 상황이 오면 재치 있는 방법으로 상대의 허를 찌른 다음 승리를 얻고 싶었다. 많은 이야기에서 그런 역할들은 대부분 소년의 몫이었다. 환상 세계 속 모험담에 푹 빠져 있을 때 집에 컴퓨터가 들어왔고, 우연히 접한 컴퓨터 게임은 내 모험 속 무대를 책이 아닌 게임 속으로 옮겨주었다.

서점에 새로운 만화가 들어왔나 구경하러 갔을 때였는지, 아니면 병원에서 돌아오는 길에 근처 서점에 들렀을 때였는지는 확실하지 않다. 우연히 보게 된 책 표지에 "PC 게임의 세계로 당신을 초대합니다"라는 글귀가 새겨져 있었는데, 책 뒷면에 적힌 "부록 CD 속 게임 목록"은 어린 게이머의 혼을 쏙 빼놓기에 충분했다. 1990년대의 게임 소프트웨어 가격은 3만 원에서 7만 원 사이였다. 당시의 물가를 고려했을 때 정말 특별한 날이 아니고서야 새로운 게임을 쉽게 접할 수 없었다. 그런데 만 원 조금 넘는 값을 지불하면 이 모든 게임을 할 수 있다니, 머릿속에 이걸 갖고 싶다는 생각밖에 들지 않았다. 초등학생이 꺼낼 수 있는 가장 강한 카드를 들이밀며 열심히 부모님을 설득했다. 이게 다른 게임 가격보다 훨씬 싸다, 게임이 이만큼 많이 들었다고 한다, 몇 년간 게임 안 사주셔도 된다, (어린아이가 내세울 수 있는 가장 큰 맹세이자 다짐인) 공부 열심히 하겠다…… 협상의 과정과 결과가 어땠는지 잘 기억나지 않지만, 책자를 품에 안고 설레는 마음으로 집에 돌아오던 길만은 생생히 기억난다.

결론부터 말하자면, 모든 게임이 정품 게임이었던 것은 아니었다. 그 당시 게임 서적은 일종의 체험판 모음집이었다. 초반 스테이지 일부를 맛보기로 접하게 한 뒤 마음에 들면 구매를 권유하는 데모 버전 게임과, 아마추어 개발자들이 공개용으로 만든 게임들을 한데 모은 구성이었다. 첫번째나 두 번째 스테이지 분량의 짧은 게임이 끝나면, 게임이 종료되면서 "이 게임은 체험판이니 정식 구매를 하려면 ○○으로 연락 주세요"라는 문구가 개발사의 주소와 함께 모니터 화면에 나타나곤 했다.

'체험판' 또는 다른 표현으로 게임에 대한 안내문이 분명 적혀 있었지만, 게임에 눈이 뒤집힌 어린애가 영어로 된 문구를 세세히 읽었을 리가 없을뿐더러, '체험판'이니 '데모'

니 '셰어웨어'니 하는 개념은 더욱 알 턱이 없었다. 그저 처음 보는 게임들이 눈앞에 있다는 사실이 중요했다. 한 스테이지 체험이 끝나면 이 게임은 끝났나 보다 하고 다른 게임을 했고, 재밌는 게임이면 하고 또 하면서 손에 잡히는 대로 부록 CD가 제공하는 모든 게임을 했다. 그렇게 부록 CD 하나를 마무리하면 시기적절하게 다른 데모 모음집이 서점에 나와 있어서 그것들을 즐길 수 있었다.

CD와 함께 제공된 책자는 영어를 모르는 사람들을 위해 게임의 전반적인 스토리와 게임 속 대사, 게임 방법에 대해 안내한 일종의 게임 공략 안내서였다. 외계인에 맞서 총을 쏘는 이야기부터 크리스탈을 찾아 떠나는 마법사의 이야기까지 다양한 이야기가 게임 속에 존재했다. 어린 게이머에게 게임이라는 매체는 새로운 동화이고 소설책이었다. 짧으면 30분, 길면 한 시간 남짓 걸리는 체험판 게임이 끝나면 다음 이야기가 궁금해서 공략집을 펼쳤다. 게임 속에서는 미처 알 수 없었던 뒷이야기들이 한가득 펼쳐졌다. 주인공이 어떻게 해적을 속이고 열쇠를 훔쳐 감옥에서 빠져나올 수 있었는지 같은 모험 속 이야기들이 머릿속에 그려졌다. 생동감 넘치는 거대한 모험담이었다.

그렇게 짧은 게임들을 하나하나 해나가다 보니, 그동안

그림이 예쁘지 않다는 이유로 거들떠보지 않았던 게임이 우연히 눈에 들어왔다. 심지어 한글로 되어 있었다. 바로 〈또 다른 지식의 성전〉. 이 게임은 고전 RPG Role Playing Game. 유저가 이야기 속의 캐릭터들을 연기하며 즐기는 역할 수행 게임인 〈울티마〉 시리즈의 영향을 받아 제작된 공개용 게임이다. 게임에 쓰인 컬러는 적었고, 그림보다는 글자가 더 많은 정보를 제공했다. 그때까지 내가 했던 게임 속 주인공들은 외모도 성별도 정해져 있었는데, 이 게임은 처음으로 내 성별과 이름을 물으며 나에

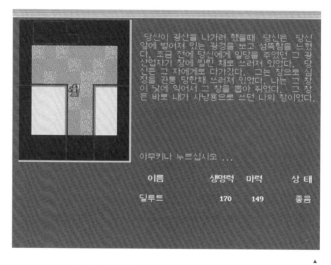

〈또 다른 지식의 성전 3: 비전 속으로〉는 텍스트의 비중이 커 책을 읽는 느낌이 났다.
자료: 안영기.

대한 질문을 던졌다.

당신이 갑자기 길 한복판에서 우박을 만났다면 어떻게 하겠는가?
1. 당황하며 피할 곳을 찾는다.
2. 침착하게 주변을 둘러보며 몸을 피할 곳을 찾는다.
3. 우박은 그냥 견딘다.

이처럼 상황을 판단하는 질문 몇 가지에 답하면, 그 대답을 기반으로 캐릭터의 직업과 능력치가 정해졌다. 내 분신이 게임 속 세상에 나타난 것이다. 그렇게 만들어진 나의 아바타는 작은 세상을 왔다 갔다 하면서 마을 사람들과 이야기를 나누고 모험을 떠났다. 상상의 주체가 인디아나 존스나 해적 가이브러쉬, 꼬마 마법사 소년이 아닌 '내'가 된 것이다.

다른 액션 게임처럼 그래픽이 뛰어나지도 않았고, 대부분의 행동이 글로만 묘사되었음에도 게임 속 행동들은 생생한 모험처럼 다가왔다. 밤이 와서 주변이 점점 어두워지면 마법으로 만든 횃불로 주변을 밝혔고, 용암으로 부글부글 끓어오르는 호수는 특수한 신발을 신거나 공중에 뜨는 마법을 배워 올 때까지 지나갈 수 없었다. 보물창고가 벽으로 막혀 있으면, 밤에 은밀히 순간이동을 해서 물건을 몰래 가지고 나왔다. 광산을 가로챈 나쁜 괴물들을 쫓아내달라는 임무를 받고 광산에 찾아가 괴물들을 잡은 뒤 영웅이 된 줄 알았는데, 우연한 계기로 괴물들의 언어를 배웠더니 아무렇게나 잡아 눕혔던 괴물들이 실은 "우리는 그냥 우리 구역에서 조용히 지내고 있었을 뿐인데 왜 그랬느냐" 같은 얘기를 하고 있었다는 사실을 알았을 땐 작은 충격을 받았다.

그 당시 접했던 많은 RPG 장르의 게임들이 그런 분위기였다. 주인공의 성별을 고를 수 있고, 행동의 자유가 있었으며, 제약이 없었다. 수많은 행동 지문 중 하나를 선택하면 그에 맞는 결과가 크건 작건 발생했다. 옳은 선택을 한다고 해서 결과가 좋게 나오리란 법도 없었고, 당시에 별거 아니리라 생각했던 사소한 선택이 나중에 크게 돌아오기도 했다. 한 방향으로만 흘러갔던 동화들과는 아예 다른 구조처럼 느껴졌다.

여러 고전 RPG 게임들을 거쳐 가면서 약한 사람들을 구해주고 감사하다는 인사를 들으며 뿌듯해했고, 함께 다니던 동료가 자신을 희생해서 내가 나아갈 수 있도록 도와주면 모니터 너머로 목 놓아 엉엉 울었다. 친구에게 정성스럽게 모은 장비나 아이템들을 건네주면서 의지했지만 그 친구가 결정적 순간에 배신했을 때는 종일 머리가 아팠다. 물론 나도 늘 올바른 일만 했던 것은 아니다. 잃어버린 물건을 되찾아주자 감사하다고 인사하는 사람의 뒤를 쫓아 몰래 그 물건을 다시 훔쳐갔던 적도 있다. 처음 게임 속에서 나쁜 일을 했을 땐, 비록 모니터 안에서 벌어지는 일이라 할지라도 긴장감과 죄책감에 심장이 터질 것만 같았다.

어릴 적 게임들은 새로운 경험의 연속이었다. 〈심시티〉 속에서는 시장이 되어 도시를 운영하면서 시민들이 우리 마을에 오게끔 온갖 홍보를 해놓고도, 정작 수도관과 전기를 설치할 줄 몰라 시민들이 매일같이 데모하며 시장의 자질을 의심한다는 기사가 헤드라인을 장식했고, 〈삼국지〉를 플레이할 때는 가상의 장수 역할에 친구들을 배치하면서 놀았다. 이야기 속에서는 무엇이든 될 수 있고, 예상치 못한 결과가 어떤 것인지를 배우기도 했다.

이런 일들이 내가 게임을 사랑하게 만들었다. 다른 매체에서 여자아이들에게 공주처럼 옷을 입히고 화장을 해주고 얌전히 기다리라고 말하고 있을 때, 너도 게임 속 주인공이 될 수 있다고 말해주었기 때문이다. 많은 동화 속에서 공주들은 그냥 그 자리에 앉아 기다리라고, 참고 인내하라는 말을 들어야 했지만, 게임 속 세상에서는 그럴 필요가 없었다.

그런 또 하나의 세상 속에서 나는 거칠 것이 없었다.

오락실:
왜 다들 나한테만 이기려고 할까?

지금의 PC방처럼 오락실이 유행하던 시기가 있었다. 적은 돈으로 많은 시간을 보낼 수 있으니 학생들이 많이 방문할 수밖에 없는 구조였다. 그래서 방학만 되면 가정통신문에 오락실은 탈선과 비행의 온상지이기 때문에 자녀들이 함부로 들락거리지 않도록 조심하라는 문구가 적혀 있었다. 오락실에 ○○중학교(고등학교) 비행 청소년들이 있어서 누가 오락실에 갔다가 돈을 뺏기고 맞았다더라 하는 이야기도 심심찮게 들려오곤 했다.

그런 분위기 탓에 어릴 땐 감히 오락실에 갈 생각조차 하지 못했다. 우연히 딱 한 번 사촌 동생들과 몰래 오락실에

가는 일생 첫 탈선을 시도했고, 하필 오락실 근처 미용실에서 머리를 하고 나오던 부모님께 현장 검거를 당했다. 거기가 어딘 줄 알고 들어가느냐며 눈물이 쏙 빠지게 혼이 났다.

오락실에 대한 이미지가 좋아진 건 〈댄스 댄스 레볼루션〉이나 〈펌프 잇 업〉 같은 리듬 게임들이 도입되기 시작했을 때였다. 춤을 추면서 게임을 한다는 개념은 말 그대로 업계를 뒤집어놓았다. 전국 오락실에서 리듬 게임이 선풍적인 인기를 끌자 대부분의 오락실은 입구 바로 근처에 게임 기기를 비치했고, 더 나아가 아예 바깥으로 내놓고 지나가는 사람들이 게임하는 사람을 구경할 수 있도록 해놓은 곳도 있었다. 얼마나 인기가 많았던지 게임 속 노래를 불렀던 가수들이 내한하는 일도 있었다. 이 시기에 나온 게임들을 통해 오락실은 매캐한 담배 연기가 자욱한 공간에서 좀 더 활동적이고 오픈된 공간으로 변화했다. 그리고 나를 비롯한 어린 게이머들은 차츰 눈치 보지 않고 오락실에 입장할 수 있게 되었다.

그 당시에 좋아하던 대전 격투 게임fighting game. 일대일 격투를 벌여 상대방을 눕히면 승리하는 액션 게임의 하위 장르이 있었다. 리듬 게임을 몇 판 하다가 돈이 어중간하게 남으면, 아무도 플레이하지 않아 비어 있는 자리로 가서 느긋하게 엔딩이나 볼까 하고 게임을 시작했다. 게임을 몇 차례 하고 있을 때, 건너편에서 어떤 남자가(나이 불문하고) 도전해온다. 그 오락실에 같은 게임기가 세 대나 있는데, 굳이 내가 앉은 자리 건너편에서 나랑 게임을 하려는 것이다. 혹시라도 자신이 지면 몸을 일으켜 건너편 상대가 누군지 다시 한번 확인을 하고는, 여자에게 졌다는 사실을 납득할 수 없는지(때로는 여자인 걸 미리 눈으로 확인하고 도전하는 경우도 있다) 몇 번이고 다시 도전한다. 가끔 옆에 여자친구가 있는 경우라면, 체면이 안 서는지 이길 때까지 도전을 해오는 경우도 있었다.

이 이야기가 '나의 뛰어난 게임 실력으로 나를 그렇게 무시하던 놈들을 때려눕혔다!'로 끝나는 이야기였다면 얼마나 좋았을까? 어릴 때부터 대전 격투 게임을 붙들고 살았던 것도 아니고, 매번 이길 수 있을 만큼 게임 실력이 뛰어나지도 않았다. 대전 격투 게임의 경우 상대방과 플레이를 하다 보면 실력 차가 명백해 어느 한쪽이 아무리 다시 해도 이길 수 없다는 사실을 상대도 나도 알게 되는 때가 온다. 그렇기 때문에 게임에서 지게 되면 두어 번 정도 같은 상대에게 더 도전해보고, 그래도 안 되면 이 자리에선 게임을 못 하겠다는 생각에 미련 없이 다른 자리로 가 게임을 했다.

다른 자리에서 새로 동전을 넣고 게임을 하고 있으면, 잠시 후 새로운 도전자가 나타났다는 문구가 화면에 뜬다.

슬쩍 일어나 누군지 확인해보니, 아까 나를 장렬히 패배시킨 그 인간이다. 아까 이겼던 자리는 게임을 하다 말고 비워둔 채로 내가 하던 자리에 굳이 옮겨와서 게임을 이어간다. 이런 패턴이라면 다른 자리로 옮겨도 결과는 똑같을 것이기에 그런 날은 게임을 못 하고 그냥 집에 와야 했다.

게임에서 이기고 지는 걸 떠나 이런 일이 가장 기분 나빴다. 오락실에서 게임을 할 때면 이런 식으로 조용히 게임하는데 와서 시비를 거는 사람들이 늘 한두 명은 존재했다. 나만 특이한 동네에 살아서 겪은 일이 아니다. 오락실을 다니던 많은 사람이, 특히 여자들은 한두 번씩 겪었던 일이다. 게임에 관심이 있고 궁금하더라도 매체 자체가 낯설면 도전하기가 쉽지 않은데, 기껏 도전했어도 타의에 의해 게임할 기회를 박탈당하는 것이다. 이런 상황에서는 게임 실력이 늘 수가 없다. 게임에 관심이 생겨도 시도해보기도 전에 싹이 잘리기 때문이다.

그럼 지금은 오락실이 사라졌으니 이런 문화도 자연스럽게 사라졌을까? 그럴 리가 있나. 유저들끼리 싸우는 게임에서는 여전히 상대방이 여자라는 걸 알고 나면 게임 속 분위기가 쉽게 지저분해진다. 여성 게이머와 게임을 하는 것이, 여성 게이머에게 졌다는 것이 그들에게 어떤 의미이기에 눈에만 보이면 가만히 놔두질 않고 이기려고 아득바득 기를 쓰는 걸까?

국내외를 막론하고 여성이 상위에 랭크되거나, 나아가 프로 게이머로 활동하면서 이름을 날리면 외모 평가부터 시작된다. 그 다음에는 실력이 뛰어나지 않다면 게임도 못하는데 나왔다는 이유로, 실력이 뛰어나면 부정행위를 했을 거라고 의심을 받는다. 때로는 자신의 게임 실력이 진짜임을 공개적으로 '인증'하라는 식으로 게이머의 자질을 시험받기도 한다. 얼마 안 되는 여성 프로 게이머가 실력을 드러내면 그에게 패배하는 남성 프로 게이머는 놀림의 대상이 된다.

여성 프로 게이머는 현역에서 활동하는 동안 온갖 괴롭힘의 대상이 되다가 은퇴하고 나서야 "그 여성 게이머는 게임을 잘했다"라며 뒤늦게 평가받는 경우도 부지기수다. 이런 사건들은 확실하게 말해준다. 오락실이 사라진 지 10년, 20년이 지났지만 그때의 그 정신은 뿌리 깊게 이어져 아직도 현대 온라인 게임에 지리멸렬하게 눌어붙어 있다는 사실을.

업계:
명품 가방과 게임의 상관관계

2005년에 모 유명 온라인 게임 회사에서 여성 유저들을 상대로 오프라인 모임을 개최한 적이 있었다. 한 커뮤니티 사이트를 통해 모인 이 여성 유저들은 RPG 게임을 어느 정도 하지만 해당 온라인 게임은 하지 않는, 이른바 하드 게이머들이었다. 당시 그 게임 회사는 '왜 여성 유저들은 우리 게임에 별로 관심이 없을까?'가 궁금한 모양이었고, 좌담회에서 게임 회사가 메인으로 건 문제 해결법은 정말이지 기가 막혔다.

게임 이벤트 선물로 명품 가방을 주면 여성 유저들이 게임을 할까요?

그 자리에 있던 여러 여성 유저들 중 단 한 명도 그 의견에 동의하지 않았다. 그 게임을 하지 않는 이유는 간단했다. 한번 게임을 시작하면 4~5시간은 전화기도 꺼놔야 하고, 각종 연락을 차단한 채 몰입해야 하는 게임으로 소문이 자자했다. 자리에 있던 많은 여성 게이머들이 그런 이미지를 각종 온라인 커뮤니티에서 접했고, 굳이 그렇게 하면서까지 그 게임을 하고 싶지 않다고 말했다. 참가자들이 이런 의견을 내놓았음에도 불구하고,

그럼 이벤트 상품으로 유명 화장품을 주면 …?

이런 소리를 하는 회사라니. 할 말이야 많았지만("유명 화장품이 갖고 싶었으면 게임을 할 시간에 다른 걸 해서 그걸 샀겠지") 명품 가방과 화장품으로 여성 유저가 게임을 할 거라고 생각한 그들에게 우리의 말은 쉽게 전해지지 않았다. 당연히 그 모임에 참석한 여성 유저들은 회사가 원했던 대답과는 다른 발언을 했다("우리가 뭐 애인이 이 게임 하자고 해서 무조건 하는 사람들도 아니고"). 게임 회사 측은 이 여성 유저

들이 "게임을 하드하게 하기 때문에 남자 유저들과 차이가 없다. 그렇기에 일반적인 여자 유저의 반응을 이끌어낼 수 없고, 마케팅에 적용할 수 없을 것 같다"라는 의견을 조심스레 내비쳤다. 다시 한번 말하지만, 좌담회의 목적은 여성 게이머들을 상대로 이 게임을 왜 여자들이 안 하는지에 대한 이유를 물어보는 것이었다.

여성 유저들에게 게임의 분위기나 이미지는 매우 중요하다. 처음에 〈오버워치〉가 각종 여성 커뮤니티에서 쉽게 이슈화될 수 있었던 것은 "〈리그 오브 레전드〉(일명 '롤')는 채팅 시간에 온갖 패드립이 나와서 게임하기 불편했는데, 〈오버워치〉는 게임 템포가 빨라 안 그렇다더라", "블리자드(제작사)가 다른 게임에서 욕설이나 비매너 건을 칼같이 제재한다던데 〈오버워치〉도 그렇지 않겠느냐"는 이유였다(이후 다시 언급하겠지만, 유저들은 이게 얼마나 덧없는 기대였는지 알게 된다). 여성 유저들은 자신이 여성이라는 사실이 공개됐을 때 생길 수 있는 불편한 분위기를 이미 수도 없이 경험했기 때문에 성별에 구애받지 않고 편한 분위기로 게임을 하고 싶어 한다.

인생이 어찌될지 알 수 없다고 했던가? 그로부터 몇 년 뒤, 좌담회 당시에는 절대 하지 않겠다던 그 게임을 결국 시작했고, 내게 인생을 거쳐간 의미 있는 게임 중 하나가 되고 말았다. 게임을 시작하게 된 계기는 명품 가방도, 화장품도 아니었다. 이미 그 게임을 즐기고 있던 믿을 만한 친구의 한마디, "꼭 레이드를 뛸 필요도 없고, 어려운 것도 아니고 일단 가볍게 게임을 즐기기만 하면 된다"였다(레이드를 부담스러워했던 이유는 2장에서 이야기할 것이다).

그 좌담회가 있고 나서 10여 년이 지났음에도 게임 회사의 시선이 전혀 바뀌지 않았다는 사실은〈파이널 판타지 14〉가 유저들과 소통하기 위해 만든 인터넷 방송인〈레터라이브〉에서 일어난 '여성 유저 인구비 사건'을 통해 알 수 있다.

해당 방송은 유튜브를 통해 생중계되고 있었는데, 진행자가 게임 속 여성 유저의 전체 비율과 여성 인구가 많은 특정 서버를 언급하며, "여자친구가 없는 사람도〈파이널 판타지〉를 통해 솔로 탈출했다"는 발언과 '중매게임' 같은 단어를 입에 올리며 여성 유저를 같은 게이머가 아닌 단순 연애 대상으로 취급했다. 여자들은 레이드 같은 하드 콘텐츠를 하지 않아 레이드에 사람이 없다는 식의 발언은 덤이었다. 왜 이런 이상한 발언이 공공연하게 나올까? 그들에게 게임하는 여성은 애초 같은 유저가 아니었으니, 해당 자료를 발표했을 때 언짢아하는 사람이 있을 거란 사실을 예상조차 못 했을 것이다. 자신들과 같은 방식으로 즐기는 유저가 있다면, 그 여자가 특이한 사람일 뿐 다른 여자들은 그렇게 게임하지 않으니까.

만약 게임을 직접 하는 것보다는 남이 하는 걸 보는 게 더 좋은 사람이라면 상황이 좀 다를까? 유감스럽게도 그렇지는 않은 듯하다. e-스포츠 중계 현장을 가보자. 게임을 좋아하는 사람들이 좋아하는 선수들을 응원하기 위해 현장까지 찾아와 자리를 잡고 앉아 있다. 응원하러 온 사람들

2016년 2월 15일에 올라온 〈파이널 판타지 14〉의 〈레터라이브〉 8화의 한 장면(1:05:08).
〈파이널 판타지〉의 여성 유저 비율이 전체 33%이며, 특정 서버는 50%가 넘는다는 발언이 나와 논란이 됐다.
자료: 파이널 판타지 14 한국 공식 유튜브(https://youtu.be/acj90F4os-A).

의 피켓 문구를 보는 재미도 쏠쏠한데, 우연히 카메라가 관람석에 앉아 있는 여성을 클로즈업하면, 자신이 찍히는 것을 알아채고 스스로 얼굴의 일부를 가리거나 카메라를 피하는 모습을 쉽게 볼 수 있다. 이유는 뻔하다. 여성 관람객이 TV 화면에 잡힐 때 커뮤니티 사이트에서 익명의 사람들이 어떤 식으로 말을 하는지 너무나도 잘 알고 있기 때문이다. 단 몇 초만 카메라에 비쳤을 뿐인데도 예쁘면 예쁘다는 이유로 성희롱을 듣고, 못생겼으면 못생겼다는 이유로 야유와 성희롱을 함께 겪어야 한다. 심지어 이런 식으로 얼굴을 가리는 여성 관람객의 수가 늘자, "뭐 잘났다고 얼굴을 가리고 다니냐. 그럴 거면 직관하러 나오지 마라" 같은 소리를 한다. 얼굴을 가리도록 원인을 제공한 게 자신들인데도 말이다.

e-스포츠 방송 관계자들 또한 여성 관람객이 화면에 비칠 때 어떻게 소비될 수 있을지 모를 리 없다. 그들이 커뮤니티 사이트를 항상 주시한다는 사실은 게임 중계를 할 때 인터넷 커뮤니티의 반응을 적극적으로 수용하며, 광고나 경기 영상에서도 인터넷 커뮤니티의 유행어를 사용하고 있는 것에서 알 수 있다. 하지만 방송을 시작할 때 카메라에 비치는 관람객들의 외모나 성향에 대한 발언을 자중하

도록 요청하는 캠페인을 내보내는 대신, 여성 캐스터를 내세워 여성 혐오적 유행어를 보란듯이 사용하게 한다. 몇몇 게임에서는 방송을 시작할 때 복싱의 라운드 걸처럼 스테이지를 알리는 팻말을 들고 방송 스튜디오를 한 바퀴 도는 '라운드 걸'이 있었다. 이런 문화는 게임 쇼에서 자사 게임 홍보를 할 때 모델들에게 노출이 많은 의상을 입히고 게임을 홍보하도록 만드는 '부스 걸'과도 궤를 같이한다. 여성성 상품화에 일조한다는 비판을 받았음은 물론이다.

선수들을 인터뷰하는 여성 캐스터의 치마도 여전히 매우 짧다. 커뮤니티에서는 이들을 '게임을 좋아해서 캐스터가 되었다기보다는 경력을 쌓기 위해 스포츠 해설보다 쉬운 길을 택한 사람'으로 취급하며 바깥의 존재로 대한다. 따라서 여성 캐스터가 게임에 대해 잘 모르거나 실수를 해서 도를 넘은 비판을 받고 인신공격적인 이야기가 쏟아질 때도, 회사 측은 캐스터를 보호하는 행동을 취하는 대신 그 자리를 다른 젊은 여성 캐스터로 대체한다.

TV 속 게임 광고는 아직도 게임하는 남성을 주변 시선에 치이는 불쌍한 존재로 묘사하면서 "허락보다 용서가 쉽다"는 광구 문구를 날린다. 어차피 자신들의 놀이 문화를 여성들은 제대로 인정해주지 않을 테니 일단 하고 싶은 대로 하고 나서 용서를 구하자는 이야기다. 여기에서 함께 가정을 꾸리고 공동체를 구성해나가는 아내는 게임을 즐기는 문화를 방해하는 존재로 격하된다. 또 가족을 위해 헌신한 남편의 유일한 휴식을 이해해주지 않는 아내가 나쁘다는 이미지를 남성 게이머에게 끊임없이 환기시킨다. 아내들이 왜 게임만 하는 남편을 싫어하게 되었는지에 관한 고찰은 시도조차 하지 않으면서 가족을 위해 희생하는 '불쌍한 나'에게 집중하고, 타인은 자신을 괴롭히는 존재로만 묘사하는 것이다. 낚시나 음주처럼 돈이 많이 들고 집안일을 내팽개치는 사람들보다 게임을 즐기는 사람들이 건전한데 왜 알아주지 못하냐며 억울해하는 마음은 덤이다. 이런 광고들은 접근 방식 자체가 틀렸을 뿐만 아니라, 게임을 즐기는 여성 유저는 애초에 고려 대상이 아니었다는 사실만 확인시켜준다.

중고 거래:
없는 게 아니라 숨은 겁니다

혐오와 숭배는 양면이라 했던가? 여성이 게임을 하면 순수하게 게임을 즐기는 것이 아니라 다른 목적이 있다고 생각하면서도, 같은 게임을 즐긴다는 이유 하나만으로 눈앞의 여성 게이머를 잠재적 연애 대상자로 보는 시선도 존재한다. 당신이 여성인데 어떤 게임을 너무 좋아하고, 그 게임을 위해 다수의 남성 게이머가 있는 공간에 혼자 방문한다고 가정해보자. 당신의 일거수일투족은 게시판이나 SNS에 공유될 것이다.

오락실에 사람이 북적이던 시기, 게임 커뮤니티에는 여성 게이머의 신상을 묻는 질문이 때때로 올라왔다. 무슨 역

근처 오락실에 갔는데 어떻게 생긴 여자가 무슨 게임을 무슨 캐릭터로 골라서 하는 걸 봤다며. 심지어 그 여성이 누구인지 궁금하다며 몰래 찍은 것으로 추정되는 여성의 사진이 함께 올라올 때도 있었다. 기가 막힌 건 그런 글이 올라왔을 때 초상권을 지적하기는커녕 '그 여자는 누구이고 무슨 캐릭터를 잘 쓰며 누구랑 연인 사이' 같은 제삼자의 댓글까지 달린다는 것이다.

오프라인 게임 행사가 열렸을 때, 한창 축제 분위기인 그 공간을 촬영해 올리면서 사진에 찍힌 몇 안 되는 여성 유저를 콕 집어 그에 대해 말하는 것은 일도 아니다. 2014년에 〈헤일로〉 시리즈의 유저 간담회가 열렸을 때, 한 남성 게이머는 무슨 색 옷을 입은 어떤 여성 유저가 자신의 옆에 잠깐 서 있었다며 그 여자 분만 원한다는 글을 올렸다. 이후 그 게이머는 자신과 그 여성 유저가 눈빛을 교환했느니, 썸을 탔느니 하면서 혼자 마음속 연애의 1~3단계를 착착 밟았고, 더 나아가 그 여성의 연락처를 관계자에게 물어봤지만 개인정보라서 알려줄 수 없다는 답을 들었다며 자신의 안타까운 심정을 자랑스럽게 블로그에 게시했다. 그 글을 본 많은 사람들에게 욕을 먹고도 정신 못 차린 그 게이머는, 혹시 그 여성이 이 글을 볼지 모르는데 자기는 누구이니 연락 달라는 글도 남겼다.

오프라인 행사에 직접 참석할 정도로 그 게임을 좋아했던 여성 게이머가 그가 쓴 글을 과연 못 봤을까? 지목당한 여성 게이머에게 그 글이 어떤 느낌으로 다가올지 생각했다면 그런 글을 쓸 수가 없었을 것이다. 이런 소름끼치는 행동이 커뮤니티 여기저기에 퍼져나가자 글쓴이는 뒤늦게 변명했다. 자신은 "순수하게 호의로만 그랬다"고. 어디서 많이 봤던 전형적인 가해자 논리에 불과할 뿐이다.

어디 이뿐이랴. 게임을 팔거나 사기 위해 중고 거래를 한다고 생각해보자. 일반적으로 생각하는 중고 거래의 과정은 이렇다.

1. 약속 장소를 정한다.
2. 만나서 돈을 준다.
3. 게임/게임 기기를 받고, 물품의 상태를 확인한 뒤 헤어진다.

실제로 만나게 되면 5~10분 안에 모든 게 끝이 난다. 사진을 통해 미리 이상 유무를 체크한 상태에서 만나는 경우가 많기 때문이다. 그런데도 유독 중고 거래를 잡으면 각양각색의 경험을 하게 된다. '루리웹' 같은 게임 커뮤니티 사이트에서 인기가 많은 게임일 경우, "이런 게임 여자 분

이 잘 안 하시는데 어떻게 아셨어요?" 또는 "남자친구 사주
시려고요?" 같은 소리를 듣게 된다. TV 광고나 유튜브 광
고 등으로 많이 알려진 대중적이고 접근이 쉬운 게임의 경
우 "이런 게임은 여자 분들이 좋아하시더라구요. 근데 그
거 아시나요 …?" 같은 스몰 토크를 가장한 맨스플레인을
듣는다.

차라리 스몰 토크나 하면서 교환하고 끝나면 양반이다.
거래가 끝나고 집에 돌아온 날 밤, "같은 게임하는 사람끼
리 친하게 지내자"는 식의 문자를 받고, 그 이후로도 지속
적으로 연락이 왔던 일은 여러 의미에서 잊을 수 없는 기억
이다. 그저 게임을 조금이라도 싸게 사보려고 10분 미만의
단 한 번 만남이 있었을 뿐인데 왜 이런 경험을 해야 하는
가. 속상한 마음에 주변 친구들에게 그런 일을 털어놓으면,
누군가(주로 이런 얘기를 들은 남자)는 위로랍시고 말한다.
"모든 사람이 그렇진 않다."

모든 사람이 그렇지 않다는 걸 누가 모르나? 직거래를
하기 위해 만나게 될 사람이 이후 나에게 어떻게 대할지 이
마에 써 있기라도 해서 알아서 피할 수 있는 건가? 이런 일
련의 경험들을 몇 번 반복적으로 겪게 되면서 중고 거래는
점점 줄여나갔다. 부득이하게 거래할 일이 생기면 전화 대

신 문자로만 연락하고, 내 번호를 쓰지 않았다. 거래 장소에는 항상 남자인 친구나 애인을 데려갔고, 나는 그냥 친구인 척 거래가 끝날 때까지 구경만 하거나 다른 장소에서 거래가 끝나길 기다렸다.

2016년에 〈슈퍼로봇대전〉 시리즈의 첫 한글판이 발매되었을 때, 남아 있던 게이머의 마음 한 조각이 '나도 남들처럼 현장감을 느끼며 게임을 사고 싶다'고 속삭였다. 그게 뭐라고 또 발매일에 굳이 국제전자상가에 있는 게임숍까지 찾아가 "슈퍼로봇대전 주세요!"라고 말했고, 판매자는 악의 없는 목소리로 "여성 분도 슈로대를 하시네요!"로 시작하는 이야기를 했다. 그리고 자연스럽게 '아, 이제는 정말 오프라인에서 게임을 살 일은 없겠구나' 하는 생각이 들었다. 상대방에게 악의가 없다는 것을 알고, 이제 그런 말을 듣는다고 일일이 화가 나지도 않는다. 하지만 성별 얘기만 나와도 피로감이 느껴지고, 그간 겪었던 비슷한 일들이 파노라마처럼 스쳐 지나가는 건 어쩔 수 없었다.

이제는 발매일에 줄을 서야 살 수 있었던 게임을 택배로도 수령할 수 있고, 그것도 내키지 않으면 다운로드로 구매할 수 있는 세상이다. 예전보다 쉽고 다양한 방식으로 게임을 구매할 수 있게 되었지만, 그만큼 더 쉽게 익명성에 숨을 수 있게 되었다. 그렇게 게이머들의 축제는 남성들의 전유물이 되고, 여성들은 수면 아래로 숨어 게임을 즐긴다. 그런 현장에 왜 우리 문화에는 여자들이 없냐는 질문만 공허하게 남아 있을 뿐이다.

이름 없는 거위 게임
Untitled Goose Game

평화로운 농촌 마을, 거위 한 마리가 이곳저곳을 한가롭게 거닐고 있다. 흰 엉덩이를 실룩거리며 안마당에 발자국을 이리저리 남기고 있는데, 아저씨는 그런 거위가 익숙한지 마당 앞까지 힐긋 쳐다본 뒤 하던 일을 마저 할 뿐이다. 그때였다! 거위의 눈에 작고 반짝거리는 잼 병이 보인 것은. 예전에 아저씨가 바닥 깔개 위에 빵과 바구니, 과일들을 놓고 한가롭게 앉아 있던 모습이 기억난다. 아저씨는 샌드위치 빵 끝을 잘라 거위에게 나눠 주었다. 거위는 그때처럼 놀고 싶은 마음뿐이다. 마침 아저씨가 꽃에 물을 주느라 바쁘다. 지금이 부리로 잼이 든 병을 잡아당길 타이밍이다!

〈이름 없는 거위 게임〉의 플레이 장면.
경쟁을 요구하는 수많은 게임 속에서 잠입 액션 장르를 달고 평화로운 게임이 나왔다.
자료: 하우스하우스.

규칙과 방법

상대의 관심을 돌린 후 몰래 말썽을 부리고 그 장소를 떠나는 행동은 일반적인 잠입 게임의 규칙을 충실히 따르고 있다. 차이점이 있다면 적발되거나 목표에 실패했을 때 주어지는 패널티가 없다는 것이다. 게임 속에는 시간 제한도, 실수할 때마다 깎이고 모두 사라지면 게임 오버가 되어버리는 라이프 게이지도 존재하지 않는다. 마을 사람들은 그 누구도 거위를 붙잡거나 괴롭히지 않는다. 거위가 잘 길러둔 당근을 뽑아가건, 빨래 건조대에 걸린 양말을 연못에 빠트리건, 온갖 사건으로 거위에게 시달려도 비폭력적이며 강제적이지 않은 방식으로 거위를 밀어내고 '거위 사절' 팻말을 부착할 뿐이다.

게임 속에서 사용할 수 있는 액션들은 단순하다. 부리를 사용하여 온갖 물건들을 헤집어놓기, 날개를 크게 퍼드덕거리기, 꽥꽥거리기, 달리기뿐이다.

거위의 소망을 달성하는 데 있어 중요한 것은 강한 부리와 빠른 달리기일 뿐, 꽥꽥거리기와 날개 퍼드덕거리기는 별 의미 없지 않느냐고 생각하기 쉽다. 그러나 이 두 가지는 게임의 핵심 기능이다. 이런 행동들은 큰 소리로 꽥꽥거리면서 주민들의 시선을 분산시키는 것 외에도, 플레이어가 게임을 하며 느끼는 감정들을 표현하게끔 도와준다. 한참 쇼핑 바구니를 끌고 가다가 바구니를 원래의 주인에게 빼앗겼을 때, 플레이어는 저도 모르게 진심을 담아 그의 등 뒤에 대고 날개를 퍼드덕거리며 꽥꽥거리기 버튼을 누르는 것이다.

추천 포인트

게임에 익숙하건 익숙하지 않건 이 게임은 분명 유쾌한 경험이 될 수 있을 것이라 장담한다. 게임 속 음악은 섬세하게 구성되어 있어 거위가 돌아다닐 때 바닥에 따라 발걸음 소리가 다르고, 어떤 물건을 물고 있느냐에 따라 다르게 꽥꽥거리는 등 사소한 차이들을 느끼는 재미가 있다.

플레이어들 간의 경쟁을 요구하는 수많은 게임 속에서, 잠입 액션 장르를 달고 평화로운 게임이 나왔다. 게임을 하다 보면, 게임 속 목표와 크게 상관없이 엉덩이를 실룩거리며 마을을 배회하는 자신의 모습을 발견하게 될지도 모른다.

지워진
게이머들

길드:
여성 유저는 동등한 적이 없었다

컴퓨터가 좀 더 대중적으로 보급되면서 나의 교우 관계는 자연스럽게 게임이나 컴퓨터를 좋아하는 친구들로 고정되어 갔다. 쉬는 시간에는 〈삼국지〉나 〈대항해시대〉 같은 게임의 공략법에 관해 소소하게 이야기를 나누었다. 컴퓨터 학원에서 일주일에 단 하루 있던 게임 하는 날을 손꼽아 기다렸던 나의 게임 세계는, PC 통신과 인터넷을 접하면서 급격하게 확장되어 갔다.

PC 통신에는 한 작품만을 밀도 있게 파는 커뮤니티들이 작품별로 존재했고, 친구들과 이야기 나눌 때는 알 수 없었던 온갖 자료들을 쉽게 구할 수 있었다. 별천지 같은 세계에서 취미가 같은 모니터 너머의 상대와 대화를 나누는 게 즐거웠다. 그런 식으로 사람을 사귀어가다 보니 특이하게도 이 공간에 여성이 거의 없다는 사실을 알게 되었다. 분명 아예 없진 않았다. 커뮤니티마다 희미하게 몇 명씩은 존재했다. 그러나 여성 유저가 자신의 성별을 밝히면 낯선 생물을 보기라도 한 듯 이목이 쏠리곤 했다. 그러고 나서 여성 게이머라면 응당 지나쳐야 할 일종의 관문을 거치게 된다.

- 여자가 이런 게임을 왜 함?
- ○○(여성 멤버 이름)? 걔 게임 쥐뿔도 모르는데 이쁘다고 하는 거잖아.
- A 회사 게임은 캐릭터만 내세우고 게임성은 떨어지는데 겉모습 때문에 여성 팬들이 더 많은데, B 회사 게임은 시스템이 좋아도 (캐릭터 디자인이 나빠서) 여성 팬이 없다.
- ㅁㅁ는 애인도 군대 갔는데 이 게임 계속해?? 왜??

이런 문장들은 공통적으로 밑바탕에 하나의 사상을 깔고 있다. '여자 게이머는 진짜 게이머가 아니다.'

MMORPG 게임Massive Multiplayer Online Role Playing Game. 대규모 다중 사용자 온라인 롤플레잉 게임은 혼자 멍하니 '사냥'을 하는 것보다는 취미가 맞는 사람과 수다를 떨고 게임 속 정보를 얻으면서 해야 더 재미있어진다. 그래서 길드에 가입했다. 기억을 돌이켜

보면 각종 온라인 게임의 길드원 공개 모집 글에는 높은 확률로 '여성 유저 우대' 같은 팻말이 붙어 있었다. 도대체 컴퓨터로 게임을 하는데 어느 지역에 사는지, 몇 살인지, 여자인지 남자인지가 왜 중요한지 알 수 없었지만, 길드에 가입해서 자기소개를 하면 단지 성별이 다르다는 이유만으로 주목받는 경우도 종종 있었다. 우리 길드/커뮤니티에는 여자가 무려 몇 명이나 있다는 문구가 길드/커뮤니티 사이에서 홍보 문구로 쓰일 정도였고, 몇몇 사람들을 제외하곤 누구도 그걸 이상하게 여기지 않았다.

여성 유저라고 하면 특별 대우를 받기도 했다. (그래 봐야 초기 정착 아이템을 몇 개 더 주는 정도이지만) 그 혜택을 이용하기 위해 스스로 여성 유저로 가장한 남성 유저들도 있었다. 성별을 밝혔을 뿐인데 그런 식으로 내가, 아는 형이, 아는 동생이 당했던 경험을 말하며 네가 정말 여자라면 무려 '인증'을 하라는 사람들이 또한 존재했다. 그렇다. '여자'가 온라인상에서 여자인 채로 남들과 어울리려면 사진이건 목소리건 다른 길드원들 앞에서 '인증'을 받아야 했다. 내가 남자 고등학생/자영업자/회사원이었다면 그런 식으로 끈덕지게 구는 사람들이 없었을 거라는 건 말할 것도 없다. 그렇게 여자임이 인증되고 나면 게임 방식에 대한 훈계는 물론이요, 딜 사이클^{적에게 효과적인 피해를 주기 위해 전투 기술의 스}^{킬을 조합하는 순서}과 아이템 구성부터 온갖 선생질이 딸려오는 건 기본이었다.

　가끔은 길드원 중 하나가 여자친구와 게임을 같이 하기로 했다며 여자친구를 가입시키기도 했다. 보통은 남자친구에게 최고 레벨의 숙련된 캐릭터가 있고, 여자친구는 게임을 평소에 해본 적도 없는 경우였다. 여자친구인 유저가 게임의 기본적인 조작법, 퀘스트 등을 통해 게임의 문법을 익히고 그에 따른 성취감을 느끼기도 전에, 그렇게 대단한 '오빠'는 아무튼 다 자기가 알아서 해줄 테니 따라만 오라며, 최대한 레벨업이 빠르고 이득을 볼 수 있는 코스로 버스를 돌아준다(초보가 클리어하기 어려운 스테이지를 숙련된 게이머가 데리고 다니며 쉽고 빠르게 클리어해준다는 의미). 남자친구인 (숙련된) 유저는 초보자라면 이해조차 할 수 없는 자신의 강하고 멋진 모습을 마음껏 보여주고, 여자친구인 (초보) 유저는 마우스만 딸깍거리며 뭐가 뭔지도 모른 채 막연하게 모니터를 구경하면서 아무것도 안 하고 뒤만 쫓아다닌다. 여성 유저는 접속이 뜸해지더니 어느 날부터인가 길드에서 보이지 않게 된다. "여자친구 분은요?" "게임이 재미가 없대요."

그 공간은 여자들에게 "여자치고는 잘한다"거나 "되게 남자답게 (게임을) 하네"라는 말이 칭찬이 되는 곳이었다. 인간의 적응력은 굉장하기 때문에 그런 사람들에게 둘러싸여 있다 보면 그 말을 당연한 칭찬으로 인식하게 된다. 굳이 대답할 가치들이 없는 말이었음에도 주변의 영향을 받기 쉬웠던 어린 시절에는 그 말이 어찌나 큰 무게감으로 다가오던지. "A 캐릭터는 여자애들이나 좋아하는 거야"라는 얘기를 들으면 "나는 그런 캐릭터 안 좋아해" 하며 굳이 다른 캐릭터를 고른다거나, "진짜 게이머라면 B를 해야 한다"는 얘길 듣고 관심도 없는 B를 해보려고 억지로 매달렸다. 누군지도 모를 그 사람들이 인정하는 '진정한 게이머'가 되기 위해 노력했다. 물론 지금은 그냥 내가 '여자'였기 때문에, 남들이 생각하는 '진정한 게이머'라는 기대에 부응하려 했기 때문에 벌어진 일들이었다는 사실을 잘 알고 있다. 까놓고 말해서, 어차피 같은 돈을 주고 게임을 하는데 내가 어떤 방식으로 게임을 즐기던 그게 무슨 상관이란 말인가.

레이드:
뒷바라지하는 사람은 정해져 있다

MMORPG 장르에서 자신의 캐릭터를 꾸준히 육성하다가 최고 레벨에 도달하게 되면 플레이어는 크게 두 가지 길로 빠지게 된다. 그중 하나는 PVPPlayer VS Player. 플레이어의 캐릭터가 다른 플레이어의 캐릭터와 대적하는 것, 다른 하나는 레이드다. 레이드는 제작사에서 제공한 일종의 최종 콘텐츠로, 수십 명의 인원이 동시에 한 공간에 모여서 혼자서는 공략 불가능한 몬스터를 전략을 짜서 물리치는 단체 활동이다. 목표를 달성하기 위해 여러 조건이 요구되며, 게임에 따라서는 일주일에 플레이 횟수가 제한되어 있는 경우도 있다.

일반적인 레이드의 진행 과정은 이렇다. 먼저 레이드가 없는 기간에 각 플레이어는 각종 공략법이나 정보를 찾아

보고 미리 준비한다. 그리고 일정을 잡아 레이드에 돌입하면 캐릭터의 직업 구성에 따라 팀을 나눈다. 초반에는 돌격대인 A팀이 방어를 전담하다가, 두 번째 단계에서는 전원이 바닥에 깔린 함정들을 피하고, 세 번째 단계에서는 화력 담당인 B팀이 사방에서 쏟아지는 공격을 요격하는 동시에 화력이 분산되지 않도록 관리해야 한다. 그 사이에 특수 능력을 지닌 C팀은 그 능력을 사용하는 순서를 게임 시작 전에 미리 정해놨다가 타이밍에 맞춰 움직인다. 그리고 마지막 단계에 이르면 전원이 전력을 다해 공격한다.

조금이라도 준비되지 않았거나 손발이 안 맞으면 그날의 플레이는 실패한다. 처음에는 입구에서 실패하기도 하고, 상대방의 체력이 5% 남은 상태에서 아쉽게 패배하기도 한다. 각자 실패의 원인을 분석해서 어쩌다 전멸했는지 되짚어본 뒤 문제점을 찾아 개선하고, 반복적인 플레이를 통해 패턴에 익숙해지면 어느 순간 모든 사람의 박자가 딱 맞아 돌아가는 순간이 온다. 불가능할 것 같았던 클리어가 가능해지는 순간이 오는 것이다. 그 순간 느껴지는 성취감은 어마어마하다.

많은 MMORPG 게임 제작사는 신규 레이드를 출시할 때 플레이어들에게 도전장을 낸다. 전 세계 많은 레이드 팀은 앞다투어 공략법을 연구하고, 세계 최초 클리어를 달성하기 위해 서로 경쟁한다. 선행 팀에서 공략법을 공개하면 많은 후발 레이드 팀들이 그 공략을 자신의 팀에 적용시켜 플레이한다. 개개인의 피지컬이 다르기 때문에 다른 팀의 방법이 쉽게 적용될 때도 있고, 전혀 다른 공략법이 튀어나올 때도 있다. 레이드에 도전하는 유저층이 넓어질수록 레이드의 난이도는 자연스럽게 내려가면서 해당 레이드는 점점 대중적으로 바뀐다. 플레이어들의 수준 자체가 전체적으로 올라가게 되면 10명이 필요했던 레이드가 8명으로도 클리어 가능한 수준이 되고, 그럴 때 플레이어들은 초보들 몇 명을 데리고 플레이함으로써 초보자들이 다음 단계로 올라갈 수 있는 발판을 만들어준다.

레이드가 즉각적인 반응을 요구하는 탓에, 내부 플레이어들과 계속 소통을 하려면 자연스럽게 키보드를 통한 의사소통보다는 음성 채팅을 선호하게 된다. 정확히는 레이드를 총지휘하는 플레이어인 공대장의 지시를 듣기 위해 음성 채팅 프로그램을 깔게 되고, 그러다가 말 한두 마디를 서로 주고받게 되면 게임하는 사람들 사이에 자연스럽게 유대감과 동지의식이 싹트게 된다. 모니터를 사이에 두고 하나의 작은 사회가 생기는 셈이다.

물론 단점 또한 현실 속 단체 행동의 경우와 같다. 일이 잘 풀리면 상관없겠지만, 사람 일이 그렇듯 늘상 일이 잘 풀리는 것은 아니며, 단체 행동의 특성상 개개인에게 완전한 자유를 제공할 수가 없다. 한창 플레이를 하던 시기에는 레이드 팀의 많은 팀원들이 서로 레이드 스케줄을 맞추기 위해 오프라인으로 어느 정도 연결되어 있는 경우가 잦았다.

이렇게 구성된 레이드 팀은 한 번의 출정을 위해 야구처럼 1군과 2군을 나누기도 하고, 레이드가 없는 날에는 채집이나 재료 조달이 가능한 캐릭터가 재료를 모으러 돌아다녔다. 길드 자금 관리나 레이드 포인트 관리(모든 사람이 공평하게 아이템을 배분받을 수 있도록 레이드 참여 횟수나 보조 아이템 기여도 등을 점수화해 별도의 공간에 기록했다), 모임 회비의 회계 관리는 여자들이 잘한다는 이유로 여성 유저에게 시키기도 했다.

레이드에 결원이 생겨 충원이 필요할 때, 부족한 직업군 중 보조 힐(회복)이나 보조 탱킹(방어) 포지션이 부족한 경우 그 자리를 채우는 것은 여성 유저들이었다. 이유는 단순하다. '메인 힐'이나 '메인 탱킹'은 리더 격인 남성이 하는 경우가 많고, 보조는 누구나 할 수 있지만 기피 직업군이다 보니 여성 유저가 부르기 만만하기 때문이다. 다른 유저들이 해당 레이드에서 얻을 게 없다며 가기 싫어하고, 이 레이드에는 딜러(공격 포지션) 캐릭터만으로 참가하고 싶다며 이런저런 핑계를 댈 때도, 여성 유저들은 요청이 들어오면

딜러, 힐러, 탱커

MMORPG 게임에서 캐릭터의 직업군은 크게 딜러(Dealer), 힐러(Healer), 탱커(Tanker)로 나뉜다. 딜러는 공격을 전담하며 적에게 최대한 많은 피해를 주는 직업이다. 힐러는 팀원들의 소모되는 체력을 회복시켜주는 역할을 맡고 있으며, 다수의 팀원이 쓰러지지 않도록 체력 바를 주시하면서 자신 또한 쓰러지지 않게 관리해야 한다. 탱커는 팀원을 보호하기 위해 몬스터의 공격을 받아내며, 보통 던전을 이끌기 때문에 던전이 숙달된 상태여야 한다. 힐러와 탱커는 조작 미스로 죽게 되면 바로 팀의 전멸로 이어지기 때문에 초심자는 부담스러워한다. 딜러는 가장 쉽고 재밌기 때문에 인구수가 가장 많고, 누군가를 보조해주는 힐러와 탱커는 상대적으로 인기가 적은 편이다.

게임을 재미있게 즐길 수 있으려면 무엇보다 자신의 플레이 타입에 맞는 직업군을 찾는 것이 중요하다. 문제는 게임을 해본 적 없는 초심자에게 딜러가 아닌 직업을 추천해주는 경우가 생각보다 많다는 것이다. 다음은 게임을 하며 실제로 목격한 대사다.

"여자들은 애초에 힐러 잘해, 여자들 힐러 많잖아. 왜 많겠어. 여자가 힐러를 잘 하니까 많지."

"의외로 여자들이 꼼꼼해서 그런가, 탱커 해도 잘하더라. 모성애 같은 건가? 지켜주려는 본능 같은 게 있는 듯."

최소한 눈앞에서 대놓고 거절하지 않고 참가했다(많은 단체 행동에서 여성들이 어떤 역할을 맡는지 생각해보자. 크게 다르지 않을 것이다). 그런 식으로 자신을 제외한 다른 팀원들이 쑥쑥 성장해나가는 동안 '길드의 엄마'니 '길드의 천사'니 같은 소리를 들어가며 팀을 위해 온갖 궂은일들을 도맡아 하는 경우도 있었다.

'그냥 남들이 다 해서' 또는 '이렇게 하면 우리 모두한테 이득이니까'라며 별 생각 없이 '우리'에게 도움이 되는 일들을 하다 보면, 정작 내가 하고 싶은 일은 뒤로 밀리는 분위기에 답답해지곤 했다. 인터넷 커뮤니티에는 여자들은 원래 보조해주거나 남을 보살펴주는 캐릭터를 잘한다느니, 딜러가 되더라도 '딜 사이클'이 복잡하고 여자들은 싸우는 방법을 모르기 때문에 적에게 최적의 피해를 입힐 수 없다느니, 아군의 체력 게이지만 열심히 채우면 된다느니 하는 식으로 자신들이 하기 지루하거나 귀찮은 직업군들을 여자들에게 시켜야 한다는 글이 보였다. 이따금 같은 게임을 하는 여자친구를 갖고 싶고, 기왕이면 딜러인 자기에게 힐을 해주는 상냥한 여자친구가 생겼으면 좋겠다고 말하는 사람들도 더러 보았다. 게임 속에서마저도 자신들을 뒷바라지 해주는 존재를 바라는 인간들이란!

어쩌다 여자 플레이어가 그들이 생각하는 '보통의 여성'이 흔히 하지 않는 직업군을 맡게 되면 남들보다 몇 배는 잘해야 했다. 믿기 어려운 이야기지만 2000년대 중반만 하더라도 실력이 조금이라도 뒤처지면 "우리 ○○이 여자라서 잘 못해", "○○은 오늘 감정적으로 좀 예민해서 딜이 잘 안 나오네" 같은 소리를 흔히 들을 수 있었다. 본인들도 이상한 소리라고 느끼긴 했는지 당사자가 없는 자리에서만 쉽게 내뱉고 넘어가는 농담이었다. 고난도 콘텐츠에서 모두가 전멸했을 때는 딱딱해진 분위기를 풀어주자며 "○○야, 마이크 켜고 음성 버프 좀 해줘"('버프'는 캐릭터의 능력을 일시적으로 증가시켜주는 스킬을 일컫는다. 즉, '음성 버프'는 마이크로 애교건 응원이건 아무튼 뭐든 말해서 사기를 북돋아달라는 소리. 미친 소리 같지만 진짜다) 같은 말을 아무렇지도 않게 던졌다. 다른 팀에 여성 플레이어가 있으면 "쟤는 분명히 자기 실력이 아닌데 (다른 남자들이 도와줘서) 저기에 있을 거다"라는 소리도 했다. 자기들 옆에 여성 유저가 존재하는데도 말이다.

레이드 시스템은 여러 사람들에게 잊지 못할 강렬한 기억을 안겨주었지만, 그만한 시간과 노동을 요구했기에 장르적으로 점점 쇠퇴할 수밖에 없었다. 모든 사람의 컴퓨터가 고사양인 것도 아니고, 많은 사람이 동시에 모여 몇 시간 동안 이탈하지 않고 플레이하기란 사실상 어려운 일이었다. 그 와중에 핸드폰 같은 모바일 하드웨어가 발전해 컴퓨터의 판매량이 줄어들었고, PC방이 더 발전했으며, 대세였던 MMORPG 장르는 짧은 시간을 투자해도 즐길 수 있는 AOS 장르로 넘어가게 된다.

싸움:
사과받는 일의 고단함

시작은 아주 사소했다. 레이드는 해법이 거의 나온 상태였고, 어려울 게 없는 초심자 코스였다. 처음 사람을 모았던 가해자는 무슨 호승심이었는지 두 명이 교대하는 구간에서 자기 혼자로도 충분하다며 사람들을 모았다. 다들 미심쩍어하며 들어갔지만, 아니나 다를까 스물다섯의 인원이 전원 전멸을 수도 없이 반복했다. 두어 시간이면 끝날 일정이 두 배 세 배로 늘어났다.

분위기가 점점 껄끄러워지는 와중에 가해자는 계속 룰을 바꾸며 팀의 사기를 저하시켰다. 심지어 가해자 자신도 공략을 제대로 숙지하지 않아 엉뚱한 지시로 전멸하는 경우도 생겼다. 몇몇 사람들이 그냥 정석적인 방법으로 진행하자고 제안했으나 무시당했고, 게임 말미쯤엔 처음 레이드가 시작될 때 약속했던 조건을 가해자가 뒤집음과 동시에 욕설을 뱉었다. 아무리 실제로 만날 일 없는 온라인 게임이어도 레이드의 특성상 서로 연결되어 있어 다짜고짜 욕설부터 하는 게 쉽지 않았을 텐데도 가해자는 당당했다. 인터넷에서 익명의 누군가가 메시지를 통해 욕하는 행위는 유쾌하지 않지만 익숙하다고 생각했는데, 음성 채팅을 통해 사람의 목소리로 전달되는 것은 느낌이 달랐다.

순식간에 게임은 아수라장이 됐다. 잘못한 것도 욕을 한 것도 가해자였다. 가해자가 불만 있으면 말하라는 식으로 뻔뻔하게 굴자, 절반은 더러워서 안 하고 만다며 게임을 나갔고, 그 와중에 나를 비롯한 몇몇이 남아 문제를 제기했다. 그러자 가해자는 나만 콕 집어 욕설을 하기 시작했다. 그것도 성별을 물고 늘어지면서. 명백히 선을 넘는 행위에 다수의 사람들이 항의했지만, 가해자는 굴하지 않았다. 함께 온 남자친구에게 "네 걸레 같은 여자친구 관리 똑바로 해라" 같은 말도 했다.

게임을 하면서 분쟁이 생길 수 있다. 그러나 게임 공략이 잘못되었다고 지적한 사람이 남성이었으면 이런 식의 욕설을 내뱉을 수 있었을까? 가해자는 주변 사람까지 끌어들이는 행위도 모자라, 싸움이 커지자 나를 추방하며 당당히 말했다. "공론화 시킬 거면 시켜라. 나는 어차피 다른 캐릭터들 많아서 게임하는 데 지장 전혀 없다."

　화가 났고, 원하는 대로 공론화를 시켰다. 일이 커져서 커뮤니티 사이트 몇 군데에 글이 돌아다녔다. 가해자는 커뮤니티에서 추방당하고, 커뮤니티의 대표는 가해자를 대신해 사과했다. 가해자는 해당 이름으로 활동할 수 없기 때문에 아이디를 바꾸고 게임을 했다. 그 과정에서 알게 된 사실은, 가해자가 게임에서 이런 식으로 욕설을 했던 적이 한 번이 아니었다는 점이다. 댓글로 사람들의 경험담이 달렸다. 말도 안 되는 조건을 걸고 게임을 하다가 자꾸 사고를 쳐서 모든 사람들이 클리어하지 못하게 만들며, 혼자 분노해서 여러 명에게 욕설을 하고, 같이 간 몇몇과 여론 조작을 한다. 그러면 당한 사람들은 더럽다며 똥 밟은 셈 쳤고, 이미 겪은 사람들은 알음알음 그와 게임을 하지 않고 넘어갔지만, 잘 모르는 사람들은 당할 수밖에 없는 루트였다. 나는 가해자에게 고소당하고 싶지 않으면 직접 사과문을 게시하라고 요구했다.

　처음에 자신 있다는 말과 달리, 가해자는 게임을 포기할

순 없었나 보다. 공론화를 통해 일이 커지자, 사과문 대신 가해자로부터 발신자 제한번호 전화가 걸려오기 시작했다. 내가 아니라 내 남자친구를 통해서. 현실로 끌려오는 문제가 불쾌할뿐더러 온라인 다툼에 대해 어느 정도 매뉴얼이 나와 있는 지금과 달리(물론 지금이라고 해서 모욕에 대한 고소를 진행하는 과정이 쉽다는 것은 아니다), 그때는 주변에 그런 경험을 한 사람이 많지 않았다. 나는 어렸으며, 기가 막히게도 내 편이 되어줄 것 같았던 길드 사람들은 일을 키우고 싶지 않아 했다.

얼굴을 보고 함께 오랜 시간 떠들고 어울렸던 사람들이었지만, 정작 그 상황에는 고생한다거나 힘들겠다는 형식적인 말만 맴돌았다. 게임 속 소란이 잦아들지 않자, 결국 무슨 길드는 무슨 길드랑 연결이 되어 있고 그쪽 길드 마스터끼리 서로 아는 사이인데 걔가 반성을 많이 하고 있다더라 같은 필요 없는 이야기만 들었다. 가해자가 직접 사과를 한 것도 아니고, 내 사과 요청도 무시하면서 제삼자가 제삼자를 통해 사건을 대충 마무리 짓자는 말을 전달해왔다. 게임에 접속하면 길드 채팅으로 "어떻게 하기로 했어? 그냥 용서해주자~ 반성 많이 한다더라" 같은 이야기를 들었지만, 그 와중에 가해자는 여전히 게임을 즐기고 있다는 사실을 게임 속 알림창을 통해 알 수 있었다. 온라인상의 다툼이 삶으로 넘어오고, 상황 자체가 피해자가 사과를 받아들일 수밖에 없도록 판이 짜여 있는 것이다. 반복적이고 소모적인 상황에 점점 지쳐갔다. 얼마 후 가해자는 몇 줄짜리 형식적인 사과문을 올리고 나서 아이디를 여러 번 바꾸며 종적을 감췄고, 모두가 사과를 받았으니 이제 그만하자고 말하면서 일은 마무리되었다. 며칠 후 가해자는 그런 일이 없었던 것처럼 사과문을 지워버렸다.

게임에 투자한 시간도, 만났던 사람들과 즐거웠던 기억도 있어서 그날 이후 바로 게임을 접진 않았다(누구 좋으라고 그렇게 하겠는가?). 다만 레이드를 좀 적게 뛰고, 예전만큼 열심히 접속해야겠다는 생각이 들지 않을 뿐이었다. 게임이 주는 재미는 변하지 않았는데도 이렇게 자연스럽게 멀어지게 된 건, 아마 사람 간의 관계에서 질리고 실망했기 때문이었으리라. 사건이 발생한 지 몇 개월 후, 평소처럼 게임을 하고 있는데 익명의 캐릭터로 귓속말 메시지가 왔다. "님 그때 그 레이드 사건 그 사람 맞죠? 아직도 이 게임 하시네요? 아니 그냥 궁금해서 ㅋ"

이 이야기는 '앞서 있었던 사건이 피해자의 마음에 크나큰 상처로 남아 피해자가 다시는 게임을 할 수 없는 몸이 되었습니다' 같은 슬픈 이야기는 아니다. 그럼 정의 구현을 했나? 그런 것도 아니다. 그저 게임을 하면서 있었던 일이고, 한 명의 의지만으로 일을 크게 벌이기엔 쉽지 않았다. 실제 사건의 진행은 인터넷에서 돌아다니는 이야기만큼 속 시원하지도 않으며, 해결하는 과정에서 적잖은 스트레스를 받을 수밖에 없었다. 상처뿐인 승리를 얻어도 잘했다거나 고생했다는 발언보다는 독하다는 이미지나 얻는다. 피해자에게 "뭘 게임을 하면서 고소를 하니 마니 해" 또는 "독하다. 진짜 그렇게까지 하면서 게임하고 싶나?" 같은 말을 듣는 건 기본이다. 아직도 가끔 이 일에 대해 생각하면 작은 의문이 따라온다. 나중에 내게 말을 건 익명의 캐릭터가, 실은 내 연락을 그렇게 피하며 겨우 사과문을 올렸다 삭제한 후 아무 일 없었다는 듯 게임을 하던 가해자가 아니었을까.

음성 채팅:
평범한 취미 생활은 언제쯤 가능할까

욕설 사건 이후, 온라인 게임을 하면서 게임을 즐기는 나만의 방식에 변화가 생겼다. 실제로 만난 사람들이 아닌 이상 게임을 할 때 음성 채팅을 사용하지 않았다. 신상 정보를 공개할 것을 요구하는 길드 등에 가입하지 않았다. 좀 더 소규모의 사람들과 어울려 놀기 시작했다. 시기가 좋게도 2010년도 즈음에 장르의 유행이 MMORPG에서 AOS^{스타크}

래프트 유즈맵 모드인 'Aeon of Strife'에서 따온 이름으로, 소규모 유저들이 자신의 캐릭터를 성장시켜가며 제

한된 구역에서 다대다 전투를 통해 상대방의 구역을 점거하는 장르로 MOBA로 불리기도 한다. 대표작으로 〈리

그 오브 레전드〉가 있다로 바뀌었다.

AOS 게임에서 의사소통을 할 수 있는 시간은 키보드나

마우스를 바삐 움직이지 않아도 될 때, 즉 캐릭터가 죽어서 다음 부활까지 대기하는 1분 남짓한 시간이다. 죽어서 짜증이 나는데 유일하게 긴 의사소통을 할 때가 그때뿐이니 당연히 왜 죽었는지를 말하게 되고, 남 탓하기 쉬운 게임이다 보니 자연스럽게 자신이 아닌 다른 이에게 손가락이 향한다. 그 와중에 물어뜯기 만만한 대상을 발견하면 그를 집요하게 괴롭힌다. 도를 넘는 악성 댓글들이 많아지면서 이 시기에 사이버 모욕과 관련된 많은 고소·고발 사례가 나오기도 했다.

유저와 컴퓨터 간의 대결은 유저 간의 대결로 넘어갔고, 아는 사람끼리만 하던 음성 채팅은 반강제적으로 낯선 사람들과 대화하는 장을 열어주었다. MMORPG 속 레이드는 대부분 공대장의 지시만 들으면 됐지만, 모두가 각자의 판단으로 움직이는 AOS 게임에서는 플레이어 개인이 순발력 있게 대처해야 했기 때문이다. 갑자기 적이 수풀에서 뛰쳐나오고 당장 옆에서 내 캐릭터를 죽이려 들어 지원이 필요한 상황에서, 죽지 않게 피하는 동시에 재빨리 키보드로 "지금 적 숲에서 튀어나옴", "지금 위로 한 명 올라갔으니 조심해", "지금 적 스킬 못 쓰게 했으니 다음 단계 준비할게요" 같은 이야기를 일일이 타이핑하기란 불가능에 가깝다. 게임을 할 때는 마우스와 키보드를 움직이느라 양손이 바쁘기 때문에 서로 음성 브리핑을 해야 좀 더 쉽고 즉각적으로 게임 속 전장을 파악할 수 있고, 당연하게도 의사소통이 잘될수록 승률이 높다. 이런 장르의 게임에서 여성 유저인 게 추측되거나 음성 채팅을 통해 여성의 목소리가 들리면, 그 여성은 주목을 받으며 다음과 같은 행동을 마주하게 된다.

- **어떻게든 엮여 보려고 껄떡대기**
- **지면 여자 탓, 이기면 여자들 데리고 팀을 이끈 내 탓으로 돌리기**
- **목소리만 들었는데 온갖 성추행을 입에 올리기**

가해자들은 실제 얼굴을 보면 내뱉지 못할 경악스러운 말들을 아무렇지도 않게 입 밖으로 꺼낸다. 특히 〈리그 오브 레전드〉나 〈오버워치〉에서 심한 편인데, 인터넷에서 조금만 검색해보면 여성 유저가 음성 채팅을 하다 게임을 제대로 즐길 수 없게 된 사례가 동영상과 스크린 캡처 등으로 쏟아져나온다.

인터넷에 '오버워치 여성 유저'를 검색해보면, 많은 여성 유저가 자신의 피해 상황을 녹화해 공유하면서 사실을 알리고 있다. 이런 동영상의 댓글 창에서는 다른 여성 유저들이 풀어놓은 〈오버워치〉 내 성차별 경험담이 공유되며, 더 나아가 대응법에 대해서도 저마다 이야기를 나눈다. 그런데 굳이 그 공간에 남성 유저들이 찾아와 다음과 같은 댓글을 남긴다.

- 하여튼 게임하는 여자들 다 관종임.
- 여자면 얌전하게 게임이나 할 것이지 왜 목소리를 까서 분란을 일으켜?
- 저 남자는 또라이 맞음. 그렇게 더러운 거 알면서 음성 채팅을 한 여자 잘못 아님?
- 남자도 잘못했는데 그걸 일일이 대응한 님이 더 잘못했네요;
- 너 게임하는 거 보면 욕먹을 만한데? 여자라 그렇단 소리 좀 하지 마라. 뭐만 하면 여자라 그렇대 ㅉㅉ
- 제가 남자를 대표해서 사과합니다. 모든 남자가 그렇진 않아요.
  (그놈의 안 그런 남자들은 게임 속에서는 왜 다들 입 틀어막고 있다가 이럴 때만 나오는지 모르겠다)

이런 피해 사실에 대해 여성들이 게임 바깥 커뮤니티, 즉 현실 공간에 나와 경험담을 이야기하면 같은 게임을 하는 사람이 아닌 이상 대부분은 그렇게까지 하며 게임을 해야 하냐고 묻는다. 사실 이런 말은 진심 어린 공감과는 거리가 멀어서 피해 여성들은 온라인 공간을 만들어 비슷한 사람끼리 피해 사실을 공유하게 되는데, 꼭 그런 장소에는 발언권도 없는 사람이 나타나 너에게도 책임이 있다고 말한다.

'국내 점유율 1위'라는 것은 남녀노소 가리지 않고 그 게임을 한다는 말이기도 하다. 큰 PC방에 가보면 〈오버워치〉나 〈리그 오브 레전드〉를 하는 여성 플레이어들을 아주 흔하게 발견할 수 있다. 그런데도 여성 플레이어들의 존재감이 게임 속에서 잘 드러나지 않는 이유는 뻔하다. 온라인상에서 여성들이 자신의 존재를 지우고 게임을 할 때만 마음 편하게 게임을 즐길 수 있기 때문이다.

이미 음성 채팅과 관련해 불쾌한 사건을 겪은 입장에서는, 이런 일이 생길 수 있다는 가능성 자체가 불편하다. 게임은 하고 싶고, 음성은 써야겠고, 그럼 변조 프로그램이라도 써야 하나 생각이 들다가 어째서 게임을 그렇게까지 해야 하는지, 왜 쓰라고 있는 멀쩡한 시스템조차 여자라는 이유로 제대로 쓸 수 없는지 생각하게 되면 누구라도 게임에 대한 흥미가 점차 줄어들 수밖에 없다. 그렇게 게임은 오늘도 특정 성별의 전유물이 되어가고, 그 틈새에서 나타난 여성 게이머는 더 눈에 띄는 존재가 되어 쉽게 괴롭힘의 대상이 된다.

의문:
그런데도 계속하는 이유

게임을 하다가 여성이기 때문에 일어난 다양한 사건 사고를 접하다 보면, 누군가는 이런 의문을 품기도 한다. 이렇게까지 별일이 다 생기는데 무슨 영광을 보겠다고 게임을 하느냐고, 혹은 어떻게 아직까지 게임을 계속할 수 있느냐고.

어찌 되었건 게임에는 대체재가 많다. 장르마다 제공하는 경험이 다르고 게임마다 플레이할 수 있는 유형이 각양각색이기 때문에, 맘에 안 든다 싶으면 다른 게임으로 옮겨가기 쉽다. 온라인 게임에서 인간관계가 피곤해지면 사람을 만날 일이 없는 게임을 하면 되고, 혼자 하기 심심해지면 같이 할 수 있는 게임을 고르면 된다. 모니터와 키보드,

게임 패드로 게임하기 질렸다면? 보드 게임을 하면 된다 (2019년에 이르러서는 기존의 가벼운 보드 게임을 비롯해 게이머를 대상으로 한 보드 게임까지 제2의 황금기라는 말이 나올 정도로 다양한 보드 게임들이 한글로 발매되고 있다). 서점에서 책을 고르고 식당에서 음식을 고르듯, 선택지가 다양한 편이다.

모바일 게임의 뽑기나 도박성 요소를 제외하면, 현실의 많은 먹고사는 문제들과 달리 게임은 노력한 만큼 결과를 뽑아낼 수 있다. 누군가가 만든 놀이터에서 게임이 제시한 목적을 달성하면 보상이 이루어진다. 게임 속 보상은 현실의 다른 많은 것들과는 반대로 가시적이고, 직접적이며, 짧은 사이클로 돌아온다. 투자한 만큼 보상이 나오며, 성장이나 변화가 눈에 바로 보인다. 이런 성취감을 통해 누군가는 스트레스를 해소하고 자신감을 얻기도 한다.

게임 속에서 이루어지는 행위들이 전부 가상현실에서 있었던 일에 불과하다고 생각할 수도 있다. 하지만 게임 또한 다른 미디어와 크게 다르지 않기 때문에 게임 속 이야기에 대해 서로 해석하며 의견을 주고받는 것은 괜찮은 토론의 장을 열어주기도 한다. 어떤 게임들은 주인공에게 감정을 이입할 수 있도록 게임 속에 다양한 장치를 제공하기 때문에 가상세계 속 주인공의 경험담을 다른 플레이어들과 나눌 수 있다. 플레이어들끼리 마치 자신이 직접 겪은 일인 것처럼 생생하게 토로하고, 그때 느꼈던 감정에 대해 공감하는 모습은 그리 낯선 일이 아니다.

많은 게임들이 기본적으로 제공하는 각각의 목표 외에도, 남는 시간에 플레이어들이 세계 구석구석을 탐험하며 놓쳤던 이야기 조각을 찾을 수 있도록 부가 기능을 집어넣기도 한다. 친구들과 마을 광장에서 이야기를 나눌 때 특별한 제스처를 취할 수 있는 '소셜액션' 기능이 추가된 경우도 있다. 일종의 채팅 프로그램 기능도 하는 것이다.

친구의 생일날, 그날 레이드가 어땠고 이 장비는 어떻고 하는 이야기를 하다가 자정을 알리는 (게임 속) 교회 종소리가 울렸다. 누가 시키지도 않았는데 우리는 돗자리를 깔고, 마을 제과점에서 파는 생일 케이크를 구매했다. 다른 친구가 폭죽을 사서 터트리고, 친구의 생일을 축하한다는 여러 메시지가 채팅창을 가득 채웠다. 광장에서 그렇게 수다를 떨고 있으면 생판 본 적 없는 사람들이 지나가다 "생일 축하해요!"라고 인사를 건넨다. 이처럼 실제로는 각자 다른 지역에 살아서 함께 모일 수 없는 사람들이 한데 모이면서 생긴 작은 에피소드나, 게임 속에서 혼자만의 목표를 정해놓고 그것을 달성했을 때 느끼는 성취감 등은 기억 속 어딘가에 남아 있다가, 뭔가를 추억할 때 갑자기 떠오르기도 한다. 이런 사소한 경험들이 한데 모여 게임을 지속할 수 있는 원동력이 된다. 게임 속에서 강해지게 만들지도, 금전적 이득이 되지도 않는 이런 행동들은, 자신들의 행동이 현실을 재현한다는 인식이 있기에 가능한 일들이다.

스마트폰이 보급되면서 이제는 정말 많은 사람들이 연령과 성별에 구애받지 않고 게임을 즐긴다. 예전에는 게임을 하기 위해 컴퓨터를 켜거나 케이블을 TV에 연결하는 방식으로 별도의 공간이 필요했지만, 지금은 그냥 손 위에 든 핸드폰을 켜서 게임을 시작하면 된다. 당신이 확률형 아이템(80~81쪽 참조)에 빠지지 않는 이상, 게임이라는 취미는 다른 취미에 비해 비용도 저렴한 편이다. 2019년 통계에 따르면 여성 인구 중 게임을 하는 사람의 비율은 이미 절반을 초과한 지 오래이며, 특히 젊은 세대일수록 그 수치

응답자 특성별 전체 게임 이용률

(단위: %, n=3,037, 중복응답)

구분	연령대						
응답자 특성	전체	10대	20대	30대	40대	50대	60~65세
전체	65.7	90.8	85.2	82.0	53.4	50.7	30.5
남성	69.9	96.0	90.9	90.7	56.5	49.2	33.3
여성	61.3	85.1	78.9	72.9	50.2	52.1	27.8

* 자료: 《2019 게임 이용자 실태조사 보고서》, 한국콘텐츠진흥원, 2019, 11쪽.

가 압도적으로 높았다.

게임을 하는 인구수가 많은데도 여성 유저들은 지금까지 잘 드러나지 않았다. 이른바 '주류 게이머'들은 우리는 다 같은 게이머이므로 '친목질'을 예방하고 커뮤니티 내 분란을 막기 위해 성별을 드러내면 안 된다고 말해왔고, 게임 속 세계에서는 그것이 마치 진리인 양 통용되었다. 그러나 그들이 말하는 '드러내면 안 되는' 성별은 '여성'일 뿐이다. 게임 속 세계에서 인간의 기본 형태는 '남성'이기 때문이다. '주류 게이머' 문화에서는 서로를 '형'으로 칭하며, 여성 게이머와 관련된 이슈에서는 여성을 조롱하느라 바쁘다. "남자건 여자건 그냥 각자 게임을 하면 그만이다"라고 겉으로는 중립적인 척 말하지만, 여성이라고 추정되는 순간 왜 여자인 걸 티 내냐는 식으로 반응한다. 비약하자면, "다 같은 게이머"라는 말 뒤에는 "네가 여자인 티를 내면 꼴 보기 싫으니까 입 다물고 조용히 게임이나 하라"는 메시지가 숨어 있다.

'모두'가 평등하다고 하는 건 이럴 때 쓰는 말이 아니다. 다른 한쪽이 인식하지도 못하는 사이에 스스로 눈치를 보고 자신을 숨기고 살아야 하는 취미가 어떻게 평등한 취미가 될 수 있단 말인가? 게임을 하는 여성의 수가 꾸준히 늘어났음에도 불구하고 여성은 남성 위주로 판이 돌아가는 한결같은 분위기 속에서 게임을 해왔다. 적지 않은 여성 게이머들이 주류 문화 속 여성 혐오적 분위기를 견디지 못하고 게임을 그만두거나, 자신을 숨긴 채 계속 게임을 할 뿐이다.

게임을 즐기는 여성 유저의 수가 점점 늘어나면서 자신을 드러내며 게임하는 여성 유저들도 늘어나고 있으며, 여성 유저만을 위한 커뮤니티도 여기저기 생겨나고 있다. 비슷한 성향의 여성 게이머들끼리 자신을 숨기지 않고 게임에 관한 이야기를 나누는 것이 얼마나 편안한 경험인지 알게 된 이상, 그전으로 돌아갈 순 없다. 10년, 20년 후에도 여성 유저가 게임을 하고, 게임이 누구나 쉽게 접할 수 있는 대중화된 취미가 되기 위해서는 기본적으로 남성이 기본값인 게임 업계와 커뮤니티 내부의 인식부터 바뀌어야 한다. 페미니스트 여성 게이머 모임이나 여성 개발자 모임이 생기는 등 업계 안팎에서 여성들이 가시화되기 위한 운동이 여기저기 일어나고 있지만 도무지 쉽지가 않다.

모바일 게임 속 확률형 아이템
('가챠' 혹은 뽑기)

일반적으로 캐릭터나 게임 속 아이템을 랜덤으로 얻을 수 있는 유료 재화를 뜻하며, 모바일 게임이 수익을 올리는 주된 방식 중 하나다. 확률 싸움이다 보니 한 번에 원하는 것을 얻을 때도 있지만, 몇십만 원, 몇백만 원을 투자해도 얻지 못하는 경우가 많다. 이 시스템의 가장 큰 문제점은 이 시스템 자체가 일종의 도박에 가깝다는 것이다.

1. 게임 튜토리얼(게임을 처음 시작할 때 플레이 방법을 소개해주는 단계) 도중 무료로 뽑기를 체험시켜 이 시스템에 익숙해지도록 만든다.
2. 아이템의 능력에 차등을 두고, 희귀 아이템일수록 얻을 수 있는 확률을 낮춘다(0.01%, 0.5%인 경우도 흔하다). 나머지는 일반 등급의 흔한(가치 없는) 아이템으로 채운다.
3. 희귀 아이템은 일반 등급의 아이템보다 성능이 월등히 높아야 한다.
4. 희귀 아이템을 획득한 사람의 ID를 실시간으로 공개해 사람들의 구매 심리를 자극한다.
5. 일부 희귀 아이템의 경우 '특정 기간'에만 효과를 유지함으로써 비슷한 조건으로 게임을 하기 위해 지속적으로 뽑기를 하도록 유도한다.

2020년을 기준으로 확률형 아이템 한 세트의 가격은 평균 6~10만 원선이다. 세트로 구매하면 확률 보정이나 추가 뽑기 등의 보너스를 주기 때문에 많은 사람들이 단품보다는 세트로 구매한다. 이성적으로 생각해봤을 때 확률이 한 자릿수거나 심지어 소수점대라면 구매하지 않는 쪽이 맞겠지만, "○○님이 희귀 등급의 아이템을 획득하셨습니다!" 같은 축하 메시지가 실시간으로 뜨고, 아이템을 획득한 사람들이 상위 랭크를 차지한 것을 보거나, "기분 삼아 한번 굴려봤는데 나왔네요" 같은 자랑글을 보고 있으면 감각이 무뎌진다.

많은 사람들이 유저 간 경쟁에서 상위권을 차지하고 더 좋은 보상을 얻기 위해, 또는 자신이 좋아하는 캐릭터의 한정판을 얻기 위해 돈을 써가며 뽑기를 한다. 이런 시스템 아래에서 유저들은 도박 중독처럼 원하는 아이템이 나올 때까지 계속 구매를 이어가는 '확률형 아이템 중독'(가챠 중독)에 이르기도 한다.

게임사는 양질의 게임을 만드는 대신 확률 장사를 해야 돈이 된다는 것을 깨닫고, 소수의 '핵과금러'(한 게임에 몇천만 원씩 투자하는 개인)를 위해 판을 짜기 시작했다. 기존의 희귀 아이템들을 획득한 사람만 뽑아볼 수 있는 VIP 전용 뽑기가 생기기도 하고, 획득 확률을 보이는 것과 달리 더 낮게 조작해 유저들의 돈을 챙기려다 적발되는 사건도 발생했다.

뽑기 문화는 게임 특유의 경쟁 요소와 맞물린다. 이런 방식으로 유저의 돈을 갈취하는 게임사는 게임의 수명이 다됐다고 생각되는 순간 서비스를 종료하고 다른 확률형 뽑기가 들어간 게임을 개발한다. 초반에는 한 게임에 몇천만 원을 써 상위권의 순위를 유지하다가 게임사의 갑작스러운 서비스 종료에 타격을 입은 사람들에 대한 기사들이 나오기도 했지만, 이제는 수많은 게임들이 치고 빠지는 전략을 사용하면서 그런 기사도 보기 힘들어졌다. 게임의 겉포장을 바꾸고, 유명 애니메이션이나 영화 시리즈와 컬래버레이션하기도 한다. 여성의 성을 상품화해서 판매하는 게임은 물론이고, 희귀 등급일수록 캐릭터가 헐벗는 게임도 등장한다.

확률형 아이템 한 세트를 뽑을 수 있는 6~10만 원은 다른 장르에서 하나의 새로운 게임을 체험할 수 있는 비용이지만, 모바일 게임에서는 희귀 아이템을 뽑을 수 있는 확률권에 지나지 않는다. 그마저도 열 번 남짓한 뽑기를 하고 원하는 아이템을 얻지 못하면 순식간에 휴지조각이 된다. 모바일 게임과 기존의 게임은 시장과 수요가 다르기 때문에 이것들을 비교하는 것이 어불성설이라고 하지만, 그렇게 치고 빠지는 시장에서 어떤 게임성을 기대할 수 있겠는가. 그런 식으로 모바일 게임은 자연스럽게 거대한 도박장이 되어갔다.

플로렌스
Florence

주인공 플로렌스는 20대의 평범한 회사원이다. 아침에 일어나서 습관적으로 출근하고, 시곗바늘이 돌아가는 것처럼 업무를 한다. 어릴 때는 이런저런 특별한 추억이 있었던 것도 같은데, 지금은 그냥 보통 사람들처럼 하루를 보낼 뿐이다. 이따금 걸려오는 부모님의 전화에서는 늘 같은 잔소리가 쏟아지고, 플로렌스는 늘 같은 대답을 한다. 그렇게 단조로운 삶을 이어가던 어느 날, 음악과 함께 트리시라는 남자를 만나게 된다. 매일 똑같던 일상은 조금씩 변화가 생기고, 단조로운 삶은 좀 더 다양한 빛깔과 음악을 갖게 된다.

상대방의 SNS를 보면서
리트윗이나 마음을 찍는 행위 등은 게임적인 느낌을 주는 동시에
플로렌스와 동화될 수 있는 경험을 제공한다(위). 연인과의 대화 장면에서는
음악과 분위기로 대화 내용을 짐작할 수 있다(아래).
자료: 안나푸르나 인터랙티브.

규칙과 방법

플로렌스와 트리시가 우연히 만나서 첫사랑에 빠지고, 행복한 하루를 보내다가 어떤 틈이 생기고, 헤어져서 각자의 일상으로 돌아가는 과정을 30분에서 1시간 남짓 되는 플레이타임 속에 잘 담아놓았다.

눈여겨볼 것은 게임 속의 연출이다. 연출과 전개 방식은 언뜻 보면 웹툰과 유사하지만, 웹툰이 일방적으로 이야기를 전달하는 것이라면 <플로렌스>는 게임이라는 방식을 채택해 플레이어가 직접 이야기의 호흡 속에서 함께 움직이게 한다.

부모님과의 통화할 때 핸드폰의 통화 버튼을 누르고, 연인에게 문자 메시지를 보내며, 상대방의 SNS를 보면서 리트윗이나 마음을 찍는 행위 등은 별것 아닌 듯 보여도 플레이어가 직접 개입해 플로렌스를 조작하고 있다는 게임적인 느낌을 준다. 그와 동시에 플레이어가 플로렌스와 동화될 수 있는 경험을 제공한다.

추천 포인트

특히 뛰어난 연출을 꼽자면 연인과의 대화 장면이다. 낯선 분위기 속에서 상대방을 탐색할 때는 다소 느린 분위기의 음악과 함께 대화창 안에 수많은 조각들이 나타난다. 서로가 가까워지면 그 조각들은 점점 줄어든다. 각 조각들의 연결부는 둥글고 부드럽다.

플로렌스와 트리시가 싸우기 시작하면 음악의 템포도 다소 빨라진다. 부드럽게 움직이던 대화 조각들은 점점 빠르게 움직이고, 그 조각의 연결 부분은 점점 날카로워진다. 두 경우 대화 내용을 직접적으로 알 수는 없지만 음악과 분위기로 짐작할 수 있다.

<플로렌스> 속 연애 이야기는 대단하고 격정적인 세기의 사랑 이야기보다는 누군가가 겪었을 법한 이야기에 가깝다. 많은 연애가 그렇듯이, 사랑이 끝나더라도 그 기억과 함께 일상은 계속된다는 메시지가 담겨 있다. 그 과정에서 누군가는 첫사랑의 기억을 떠올리기도, 잔잔한 여운이 남기도 할 것이다.

음악이 게임의 분위기를 이끌어나가기 때문에 이어폰을 사용하지 못하더라도 반드시 음악을 켜놓고 게임을 하길 추천한다. PC 버전도 나왔으나 현장감을 위해선 반드시 모바일로 플레이할 것.

3
왜 나는
웃지 못했을까

놀이 문화:
'여왕벌'부터 '혜지'까지

게임 커뮤니티 중에는 유독 익명을 기반으로 하는 커뮤니티가 많다. 그리고 익명의 커뮤니티가 다른 커뮤니티보다 활발하다. 그들은 이른바 '친목질'을 지양하고 '가식'을 거부한다. 사람들끼리 부대껴야 하는 게임에서 교류를 지양한다는 말이 일견 모순처럼 들릴 수도 있다. 하지만 많은 온라인 게임에서 요구하는 단체 행동이 결국 인간관계의 피로감을 끌고 들어올 수밖에 없기 때문에, 인간관계로 구질구질하게 굴지 말고 깔끔하게 게임만 하고 헤어지자는 콘셉트의 길드는 인기를 끌게 된다.

익명 사이트를 중심으로 구성된 길드들은 그 사이트의 성향을 가지고 올 수밖에 없다. 따라서 그 속에서 어울리려면 익명성 안에서 정체성마저 지워야 한다. 자신의 신상을 노출해야 활동할 수 있는 길드들이 일상생활에서 느껴질 법한 자연스러운(?) 여성 혐오를 했다면(2장 참조), 익명의 길드에서는 여성과 관련된 모든 것에 대놓고 멸칭을 갖다 붙이고 그것을 놀이 문화로 삼는다.

그런 커뮤니티에 안 들어가면 그만 아니냐고 생각할 수 있겠지만, 그것도 쉬운 일은 아니다. 검색을 하다 보면 검색 엔진의 최상단에 익명 사이트가 노출되며, 익명 사이트에서 정보 교환이 가장 활발히 이루어진다. 유동 인구가 많다 보니 기발한 아이디어와 유머글이 넘치고, 심지어 최신 자료가 공식 채널보다 먼저 넘어오는 경우도 있었다. 따라서 문제라는 사실을 알면서도 꾸역꾸역 참고 드나들다 보면(사람은 적응하는 동물이라 다니다 보면 또 다닐 수 있게 된다), 저항감 없이 혐오적인 언어와 사고에 노출되기 쉽다.

이런 커뮤니티의 익명성은 대부분 '서울에 거주하는 10대 후반부터 20대를 아우르는 보수주의 성향의 한국 남성'을 표방한다. 그래서 기발한 자료에 웃다가도 이내 정색해야 하는 순간이 여러 번 찾아온다. 우연히 발견한 글에서 문제점을 느끼지 못하더라도 그 아래에 달린 댓글이 이상할 때가 많고, 다른 글로 넘어갔을 때 '전라디언', '짱개', '김여사', '피싸개' 같은 단어가 적혀 있는 글이 반드시 한 번쯤은 걸리기 때문이다.

그런 판 위에서 여성은 수없이 왜곡된 모습으로 재생성된다. 많은 용어들 중 게임판에서 돌아다니는 몇몇 용어들을 통해 여성 게이머가 어떻게 묘사되는지 확인해보자.

──── ★ 여왕벌

어느 순간 인터넷 커뮤니티에는 '여왕벌'이라는 개념이 등장했다. 피해자들의 주장에 따르면 온라인 게임에서 자신의 성별을 드러낸 여성을 여왕벌로, 그들과 친한 사람을 일벌이라 부르며 한 집단을 여왕벌과 그 추종자로 단순화시킨다. 여왕벌은 자신의 성별을 이용하여 많은 사람을 조종하고 자신이 아는 사람들을 등급으로 나누며, 일벌들은 맹목적으로 여왕벌을 숭배한다고 한다. 여왕벌은 남들이 눈치채기 어려운 방법으로 타인을 깎아내리며, 보통의 게이머들이 큰 노력을 해야 얻을 수 있는 물건들을 쉽게 얻는다고 인식된다. 또한 여왕벌은 무리 내에 다른 여성들이 들어오면 자신의 입지가 위협받기 때문에 다른 여성들을 견제하는데, 견제가 매우 심하기 때문에 여왕벌 무리와 조금이라도 다른 입장을 취하면 자신도 모르는 사이 매장당하기 쉽다고 알려져 있다.

사실, 여왕벌은 남초 집단에서 눈에 띄는 여성을 일컫는 대표적인 용어다. 게임 커뮤니티 속의 여왕벌 피해담은 크게 두 가지 유형이 있는데, 첫 번째는 "그 당시엔 몰랐고 간도 쓸개도 다 빼줬지만 뒤늦게 생각해보니 그 사람이 여왕벌이더라" 같은 류의 글이고, 두 번째는 "지금 있는 모임에 여왕벌이 나대는데 다들 개 쫓아다니느라 바빠서 모임 분위기가 맘에 안 든다" 같은 글이다. 남성이 다수이고 여성이 소수인 인터넷 길드에서 여성의 행동은 원치 않아도 주목받을 때가 많다. 여성의 행동은 하나하나 의미를 부여받고 감시당하는데, 행동을 평가하는 잣대에 여성 본인의 의지는 전혀 들어 있지 않다.

여성 게이머는 자신도 모르는 사이에 여왕벌이 되기 쉽다. 같은 게임을 하는 여성에게 일방적인 호의를 베풀어놓고, (만나자거나, 전화로 '진실한 얘기'를 하자거나 등) 부담스러운 요구를 한 뒤 거절당하면 받을 건 다 받고 자신을 팽했다면서 여왕벌에게 당했다고 주변에 호소하기 때문이다.

'여왕벌'이라는 단어는 커뮤니티에서 힘을 얻으며 온갖 상황의 원인으로 불려나왔다. 남성들은 자신이 무리에서 소외당하고 있을 때 그 무리의 중심에 여성이 있으면 그것도 '여왕벌의 탓'으로 돌리기 시작했다. 여성 혐오 단어가 생성될 때 으레 그렇듯이, 여왕벌에 대해서도 누군가가 반발하면 "정상인은 여왕벌이라는 소릴 들을 이유가 없다"고 말하며 문제를 제기한 사람을 이상하게 취급하면서도, 시간이 지날수록 본래의 '정당한'(어디가 정당한지 모르겠지만 그렇다고 하니까 일단 그렇게 말하자) 이유는 점점 희석되어 갔다. 이제는 자신의 마음에 들지 않는 행동을 하는 여성, 자신이 싫어하는 여성, 눈에 띄는 여성까지 모두 '여왕벌'이라고 부르고 있다.

──── ★ 개념녀(명예 남성)

'개념녀' 혹은 '명예 남성'은 여왕벌과 대척되는 개념이다. 여성이지만 남초 커뮤니티에 오래 머무르며 남성성을 체화한 케이스로, '나는 다른 여자들과 다르다'는 생각을 기본으로 한다. 남성이 더 많았던 게임판에서 자연스럽게 여성 혐오를 체득한 케이스도 다수다. 또래 여성들은 외모 꾸미기에 집중하고 결혼에만 신경 쓰지만, 자신은 그런 여성들과 다르다고 생각하며, 그런 주장을 통해 남성들의 공감을 이끌어낸다. 이들은 다른 '무개념' 여성들과 달리 자신의 힘으로 게임 실력을 키우고 입지를 개척하며 얻어냈다고 주장한다. 남성들은 이런 여성들의 입을 빌려 내부 커뮤니티의 여성 혐오를 단단히 한다.

이들은 여성 혐오 문화의 가해자이자 피해자다. 주류 집단인 남성 집단에 소속되기 위해 남성 게이머들이 만든 혐오의 언어들도 아낌없이 사용하면서, 남성들에게 자신도 같은 무리라는 사실을 지속적으로 어필한다. 일찍부터 "딸은 소용이 없다"거나 "여자애들은 남자애들보다 수리적 능력이나 공간적 능력이 뒤떨어진다", "여자애들은 꾸밀 줄만 알지 논리적이지 않다" 같은 차별적인 말을 가정과 사회에서 지속적으로 주입받으며 적극적으로 수용했기 때문에 자신의 성별을 부정하고 같은 성별과 교류하지 않으려 한다.

문제는 이들이 아무리 적극적으로 활동하더라도 다수의 남성들은 그들을 '같은 무리'로 치지 않는다는 것이다. '개념녀'에 대한 평판은 보통 '애는 다른 여성들과 다르다/매력적이다'인데 이는 결국 여성성 안에 갇혀 있는 칭찬에 불과하다. 남성들이 "너는 다른 여자들과 다르잖아"라며 성적인 이야기를 농담이랍시고 꺼낼 때도 자신의 평판을 생각해 감내해야만 한다.

인터넷상에 여성들이 눈에 띄지 않던 시기에는 '명예 남성' 유저들의 수가 더 많았다. 그러나 여성들이 자신의 목소리를 내기 시작하고, 페미니즘에 관한 이야기가 여기저기서 나오기 시작하자 이 수는 점차 줄어들게 되었다. 과거에는 '개념녀'에 속해 스스로 여성 혐오를 했다가 현재는 그러지 않는다는 사람들도 많다.

MMORPG 게임이 한창 인기를 끌던 시기에는 길드 내에 두 명의 여성이 있고, 그 여성이 파벌 중 하나에 속해 있다가 분란이 생겨서 파벌 자체가 원래 길드에서 떨어져나가면, 사람들 간의 문제가 아닌 여성 간의 문제로 축소하는 경우가 많았다. 여왕벌이 두 명이라 이 사달이 났다는 소리다. 문제의 원인을 파악하기보다는 먼저 눈에 띄는 대상에 비난을 집중하는 것이다. "내가 쟤네 둘 같은 공간에 있으면 안 될 거라고 말했지"라면서, 여성이 적을수록 '여성의 적은 여성' 구도를 만들어 여성들이 쉽게 뭉치지 못하도록 고립시켜왔다.

2020년에 이르렀지만 안타깝게도 게임 쪽 여성 혐오 현상은 더욱 심해졌을 뿐 나아지지는 않았다. 이제는 소수의 여성이 존재할 때 '개념녀'처럼 어느 한쪽을 띄워주면서 다른 한쪽을 깎아내리기보다는 자연스럽게 둘 다 깎아내리는 경우가 더 많다. "그냥 게임에 여자가 있다는 게 싫다, 보ㅇ들 다 게임에서 꺼졌으면 좋겠다"처럼 극단적인 적개심을 드러내는 일도 흔할 정도다. 여성이 존재한다는 사실조차 견디기 어려운 것이다.

── ★ 넷카마

온라인이라는 이점을 활용해 스스로 성별을 드러내지 않고 상상 속의 여성을 연기하는 남성들이다. 인터넷의 '넷'과 일본에서 남성 동성애자를 멸칭해 부르는 '오카마'를 합쳐 '넷카마'로 불리는 이들은, 여성 플레이어로 가장해 남성 플레이어들과 어울리며 여성 혐오에 가담한다.

이들은 남성들이 선망하는 이상적인 여성 게이머(어리숙하고, 게임 실력은 조금 떨어지지만 애교가 넘치고, 항상 남성의 도움에 의존하며 남성성을 강화하는 데 도움을 주는)를 연기하기 때문에 인터넷 문화에 익숙하지 않은 남성들이 특히 속아 넘어가기 쉽다. 간이니 쓸개니 다 빼주듯이 대하다가 뭔가 이상하다는 점을 깨달았을 때는 이미 '넷카마'는 사라지고 없기 때문에 피해자들은 여성 유저에게 당했다고 철석같이 믿기도 한다('꽃뱀'에게 당했다고 말했지만, 여성조차 아니었던 사건이 몇 있었다). 인터넷이나 게임상에는 '넷카마에게 속지 않는 법', 함께 플레이하는 여성 유저가 넷카마일 수 있으므로 피해를 미연에 방지하기 위해 '여성 유저 인증을 요구하는 법' 같은 것들이 돌아다닌다.

남성들은 여성이 성별을 드러낸 순간, 넷카마 평계를 대며 여성임을 증명하는 자료를 내놓으라고 요구한다. 자신들이 그동안 여왕벌이나 넷카마에게 당했으니 증거를 보이라는 것이다. 물론 여성 플레이어는 그런 정보를 제공할 의무가 없다. 그 자료를 받은 사람이 그 자료를 가지고 어떤 짓을 할지 모르는 상태에서 뭘 믿고 덥석덥석 개인정보를 줄 수 있단 말인가. '넷카마' 또한 인터넷에 돌아다니는 자료로 스스로를 위장한 채 사람들을 속여왔고, '인증'을 위한 정보들 또한 마음만 먹으면 누구든 조작할 수 있다는 사실은 그들에게 크게 중요하지 않은 듯하다.

───── ★ **보르시**

〈리그 오브 레전드〉나 〈오버워치〉 같은 AOS 장르의 게임은 기본적으로 '잘하면 내 탓, 못하면 네 탓'의 성향이 큰 게임이다. 그렇기 때문에 눈앞에 여성 게이머가 있고, 게임이 질 것 같다 싶으면 그 원인을 여성 게이머에게 돌린다. 정확히는 자신이 알고 있는 약자에게 돌리는 것이다. 이에 따라 AOS 장르의 게임 속 괴롭힘 문화가 지긋지긋해서 더 이상 AOS 게임을 하지 않는 여성 유저들이 증가하고 있다.

이 판에는 유명한 단어가 두 개가 있다. '보르시'와 '혜지'다.

'보르시'는 〈오버워치〉의 여성 캐릭터인 '메르시'와 여성의 생식기를 일컫는 비속어가 합쳐진 단어다. 처음에는 메르시를 주로 맡는 여성 게이머를 지칭하다가, 주로 지원 포지션에 속하고 다른 캐릭터들보다 적극성이 떨어지며, 아무것도 안 하고 힐만 하며 쫓아다니는 여성 게이머 전부를 일컫게 되었다. 단어의 특징상 〈오버워치〉 내에서 금지어가 되어 더 이상 채팅창에 쓸 수 없지만, 익명 커뮤니티에서는 아직도 빈번히 사용된다.

─── ★ 혜지

〈리그 오브 레전드〉의 '잔나'나 '소라카'처럼 남을 보조해주는 서포터 직업군과 원거리 딜러 직업군으로 이루어진 듀오를 여성 게이머와 남성 게이머가 나누어 맡았다고 추정될 때, 여성 게이머를 칭한다. 서포터를 맡은 게이머가 실제로 여성인지 아닌지는 중요하지 않다. '게임을 못하는 저 서포터는 여성일 것이다'라는 편견 아래 여성 게이머로 추정되는 사람을 모욕하기 위해 사용한다. '디씨인사이드 리그오브레전드 갤러리'에서 인기 글에 올라간 어떤 체험담(혹은 '썰')을 기반으로 생성되었으며, 익명의 유저가 가상의 여자 서포터에 관한 (소설에 가까운) 일화를 올렸고, 커뮤니티 사이트 내에서 인기를 끌자 다양한 매체로 재생성되어 커뮤니티 바깥까지 퍼져나갔다.

'혜지'는 명백히 비하나 조롱의 의도로 사용되며, 〈리그 오브 레전드〉를 하는 '여성 서포터'들에 대한 남성 유저들의 편견 속에서 만들어졌다. 그들의 주장에 따르면 '혜지'는 게임 실력이 뒤떨어져 승리에 도움이 되는 일은 전혀 못 하고 같이 하는 남성 게이머의 피만 열심히 채울 줄 알며, 남성 게이머의 실력에 '업혀가는 주제에' 자기가 잘하는 줄 알고 주변 상황에 대해 끊임없이 투덜거리고 남 탓을 해 팀의 분위기를 흐린다. 같이 플레이하는 남성은 그 여성의 비위를 맞추느라 정신이 없어 우리 편이 지건 말건 신경 쓰지 않기 때문에 '여자 서포터' 자체가 문제라는 주장은 덤이다. 이 단어 또한 초기에는 여성 서포터의 자질이 문제니 어쩌니 하다가 최근에는 그냥 마음에 안 드는 여성 게이머를 전부 '혜지'라 칭하고 있다(MMORPG가 유행인 시절에는 여성에게 무조건 힐러를 시키려는 풍조가 있었는데, 이제는 여성 서포터라고 무시하는 분위기가 어이없지 않은가?).

본인의 수준으로는 높은 랭크에 속할 수 없으나 다른 사람의 의도적인 어뷰징을 통해 올라간 유저층을 일컫는 단어로 '버스 승객'이나 '어뷰저' 등이 이미 존재한다. 그런데도 눈에 띄는 여성 게이머가 특정 직업군을 선택하는 순간, 그들은 기존 용어 대신 "이 단어가 입에 더 딱 붙는다"거나 "못하는 여자들만 그렇게 부르는 건데 게임을 잘하면 무슨 상관이냐"며 여성 게이머를 '보르시'와 '혜지'라고 부르기 시작했다. 이 자극적인 두 단어는 순식간에 "상황 파악 능력도 떨어지는 여성 게이머"라는 뜻으로 굳어져갔다. 실제로 잘하건 못하건 눈앞의 상대방이 단지 여성이라는 이유로 "역시 혜지들은 다르다"며 여성 게이머에 대한 자신의 혐오를 정당화하는 논리로 적극 사용하는 것이다. 여성 게이머에 대한 혐오는 자연스럽게 실생활 속으로 번져, 급기야 '혜지'라는 이름의 여성에게 〈리그 오브 레전드〉를 해봤냐며 물어보고 자기들끼리 낄낄거리는 데까지 이른다. 그 여성이 게임을 해본 적이 전혀 없음에도 말이다.

그 이후는 '여왕벌'이 정착되는 흐름과 비슷하다. 그냥 자기 눈에 여성으로 추정되는 사람이 하는 캐릭터가 있는데 마음에 안 들면 바로 '혜지'라고 부르다가, 시간이 좀 지나자 그냥 특정 캐릭터를 하면 무조건 '혜지'라고 한다. 나아가 남성 프로 게이머가 '혜지 픽'이라 불리는 특정 캐릭터들을 사용하다가 성적이 좋지 않으면 해당 남성 프로 게이머에게 '혜지'라는 별명을 붙인다. 그 프로 게이머를 놀릴 때 여성적인 어투의 말을 해당 게이머의 사진과 함께 게시하는 것은 덤이다. 누군가를 비하하는 욕을 할 때 'ㅇㅇ년' 하는 것과 비슷한 용례다.

〈오버워치〉를 개발한 블리자드가 '보르시'에 대해 그랬던 것처럼 차라리 채팅 금지어로 지정이라도 했으면 유저들만의 문제라며 발이라도 뺄 텐데, 그 와중에 〈리그 오브 레전드〉를 개발한 라이엇게임즈의 한국지사인 라이엇게임즈 코리아는 유튜브에 올리는 공식 동영상에 특정 챔피언을 언급하며 전부 혜지라고 말했다가(그것도 여성 아나운서가 그런 발언을 하게 했다) 수많은 비난을 받고 동영상을 내렸다. 물론 회사의 공식적인 사과문은 없는 상태다. 이런 용어들은 인터넷 커뮤니티의 특성상 여러 용례들이 동시다발적으로 나타나다 보니 어떤 유래로 생성되었다고 명확히 말하기엔 애매한 것들도 존재하지만, 최종적인 사용법은 유사하다. 여성을 깎아내리는 것이다.

이런 여성 혐오 단어들의 유래를 말하고 그것이 부당하다고 문제를 제기하면, 누군가는 자신이 여성에게 겪은 피해담을 말할 수도 있고, 주변 사람이 겪은 피해를 이야기하며 혐오 단어의 정당성에 대해 항변할 수도 있다. 물론 사람인 이상 모든 여성들이 도덕적이거나 이타적인 존재가 될 수는 없다. 분명 어딘가에는 자신의 이득을 위해 상대방을 속이거나 기만하는 사람들이 존재할 것이다. 그러나 상대방을 속이거나 기만하는 유저의 수가 정말 특정 성별에만 몰려 있을까? 사람이라서 생기는 문제임에도 그것이 '여성'의 고유한 특성 때문에 일어났다고 단정 짓고 있는 것은 아닐까? 앞서 언급했듯이 '혜지'는 실존하는 여성 게이머에 의해 발생한 사례도 아니었다. 남성 게이머 자신이 생각하는 가상의 여성 아바타를 만든 뒤, 다른 사람(주로 같은 생각을 가진 남성)에게서 들었다며 이야기 속 여성의 사례로 여성 혐오를 확장한 것이다.

이런 일들은 게임판에서만 벌어지는 것이 아니다. '김여사', '된장녀', 'ㅇㅇ조무사' 같은 용어를 생각해보자. 멸칭의 시작은 늘 같다. "게임도 못하면서 민폐만 끼치고 징징거리는 여성에 대해 비판"하는 것이며, "네가 그렇지 않다면 너랑 상관없는 이야기일 뿐인데 왜 불쾌해하느냐"고. 이 얼마나 공허한 이야기인가. 이른바 '민폐를 끼치는' 대상이 남성일 때에는 성별에 대해 조롱하는 용어를 만들지도 않고, 애초에 그 사람이 어찌할 수 없는 것을 소재 삼아 놀리지도 않는다.

이런 용어가 인터넷 전반에 널리 퍼질 때쯤이면 원래 있던 핑곗거리마저 희석되어, 어원을 따지지 않은 채 그냥 여성이 있고 그가 마음에 들지 않기에 '혜지'나 '여왕벌' 같은 말을 쓴다. 온라인 생태계가 거칠기 때문일까? 그럴 리가. 언어는 그 사회를 반영하고 있으며, 특히 익명성을 기반으로 하는 인터넷은 그런 것들을 더 날것으로 드러낸다. 현실 속 사람들의 인식이 그냥 이 정도일 뿐이다. 이토록 바닥일 뿐이다.

여성 캐릭터:
언제까지 여자 가슴만 볼 건가

게임에는 "노출도와 방어력은 비례한다"는 농담이 있다. 게임 캐릭터들은 등급이 올라갈수록 거적때기를 벗어던지고 매력적인 장비를 입게 되는데, 각종 장비를 껴입는 남성 캐릭터들과 달리 여성 캐릭터들의 노출은 점점 증가하는 현상을 빗댄 말이다.

이제는 다양한 타입의 여성 캐릭터들이 나오고 있지만, 그럼에도 이런 농담이 널리 통용될 만큼 여성 캐릭터들의 노출은 게임 업계에서 당연한 것으로 여겨진다. 제작사는 여성 캐릭터의 특정 신체 부위를 구현하는 데 많은 자원을 투자하고 이를 홍보하기도 한다.

다양한 작품의 로봇들이 협력해 전투를 펼치는 〈슈퍼로봇대전〉은 매화 프로모션 비디오에서 여성 파일럿의 가슴이 흔들리는 컷을 홍보용으로 사용한다. 신작이 나올 때마다 유저들은 커뮤니티 게시판에 모여 어떤 작품의 파일럿이 바스트 모핑이 예쁘게 나왔는지를 토론한다. 〈슈퍼로봇대전 V〉는 전작인 〈슈퍼로봇대전 OG: 문 드웰러즈〉와 달리 과도한 바스트 모핑을 줄이고(아예 사라지진 않았다. 다만 줄었을 뿐이다), 메인 캐릭터 치토세의 컷인게임 중 극적 효과를 나타내기 위해 등장인물의 얼굴, 상반신, 전신이 화면 앞으로 불쑥 튀어나오는 애니메이션 기법에는 바스트 모핑을 아예 집어넣지 않았다. 게임이 발매된 후 커뮤니티 게시판은 게임 진행에 관한 글 반, 치토세의 바스트 모핑이 없는 것에 대한 한탄이 반일 정도였다. 모든 캐릭터의 바스트 모핑이 사라진 것은 아닌데도 말이다.

온라인이나 모바일 기반 게임은 이런 경향이 더욱 두드러진다. 다수의 게임들이 여름이 되면 이벤트를 열고, 그 기간에 수영복 혹은 수영복 입은 캐릭터를 판매한다. 천족과 마족이 전쟁을 하건, 아포칼립스의 세계관이건, 중세 판타지 세계이건 게임 속 배경은 크게 중요하지 않으며, 현실 이벤트에 맞춰 캐릭터의 성적 대상화가 이루어진다.

귀엽게 디자인된 4~5등신 캐릭터들도 예외는 아니다.

캐릭터 디자인에 따라 다르지만, 때때로 어린아이가 유두만 가린 속옷을 입은 듯한 기이한 느낌의 아바타들도 있다. 선정적인 복장에 대한 집착은 더 나아가 그 복장 한정으로 가슴이나 엉덩이가 흔들리는 모션을 집어넣는 것으로 이어지도 하고, 속옷이 따로 존재하는 게임의 경우 특별히 디자인된 속옷을 기간 한정 아이템으로 팔기도 한다. 성적인

▶
성적 이미지가 강조된
여성 캐릭터 시라누이 마이,
희우형 카구야, 미야, 콰이어트
(왼쪽 위부터 시계방향)
자료: SNK, 코나미, 스퀘어 에닉스, 넥슨.

이미지와 노출을 판매 포인트로 삼았던 캐릭터는 게임 역사에서 유구하게 존재해왔다. 수많은 캐릭터가 있지만, 그 중 몇몇을 이야기해보려 한다.

──★ 시라누이 마이 (아랑전설, 킹 오브 파이터)

격투 게임 장르의 여성 캐릭터들은 유독 다른 장르에 비해 신체 노출이 많은 편이다. 시라누이 마이는 일본의 여성 닌자 쿠노이치의 복장을 본 따 만든 파격적인 차림으로 등장해 처음부터 많은 인기를 끌었다. 비슷한 쿠노이치형 노출 캐릭터로는 〈데드 오어 얼라이브〉의 카스미, 아야네가 있으며 공통적으로 허리나 허벅지 부분의 노출이 두드러진다. 북미 수출판은 마이의 바스트 모핑이 삭제되었는데, 이를 두고 한국의 게이머들과 게임 잡지에서는 "있을 수 없는 일"이라거나 "마이 캐릭터의 본질은 바스트 모핑"이라며 어딜 봐도 이상한 소리를 아무렇지도 않게 해댔다.

아시아권 게임의 게임사들은 유독 여성 캐릭터의 바스트 모핑에 대해 기술력을 뽐내고, 유저들 또한 바스트 모핑에 집착하는 성향이 있다. 나무위키에는 그것이 게이머가 누려야 할 문화인 양 '시라누이 마이' 항목에 '바스트 모핑' 항목을 따로 개설해둔 상태다. 이런 식의 노출형 격투 게임 캐릭터는 〈소울 칼리버〉의 아이비 또한 유명하다.

──── ★ 희우형 카구야(확산성 밀리언 아서)

지금은 서비스가 종료되었지만 국내 모바일 TCG 장르

<small>Trading card game. 특정한 테마나 규칙을 바탕으로 디자인된 카드게임 장르</small> 유행의 시발점이

된 게임 〈확산성 밀리언 아서〉는 여성 캐릭터가 주를 이루는

화려한 일러스트로 인기를 모았다. 주된 수집 요소인 캐릭

터 카드는 등급이 올라갈수록 강력해진다. 앞선 카드와 차

별을 두기 위해 높은 등급의 카드에는 더 화려한 배경을 넣

고, 카드를 뽑을 때 특별한 효과를 집어넣기도 하며, 포즈나

일러스트에 변화를 줌으로써 더 화려하고 강해 보이도록 만

들었다. 변화의 주된 요소에는 노출이 포함되었다.

일본 설화 〈카구야 공주〉에서 모티브를 얻어 만들어진

이 캐릭터는 왜 '달의 사자'가 이런 하의를 입을 수밖에 없

는지에 대한 이유조차 붙어 있지 않다. 〈확산성 밀리언 아

서〉가 한국에서 정식 발매될 당시 몇몇 캐릭터들은 일러스

트가 선정적이라는 이유로 일부분이 가려지고 덧입혀지는

방식으로 수정되었지만, 이 캐릭터는 심의를 어떻게 통과

했는지 원본 일러스트가 수정되지 않고 그대로 등장했다.

─── ★ 미야, 김지윤(서든어택 2)

게임 발매 전부터 스스로 〈오버워치〉의 대항마로 칭하며 적극적으로 마케팅을 펼쳤던 〈서든어택 2〉는 트레일러부터 여성 캐릭터의 지나친 노출로 반발을 샀다. 김지윤의 경우 수중 침투에 능하다는 이유로 수영복을 입고 있으며, 미야는 스파이임에도 불구하고 전장의 아이돌이라는 설정답게(!) 각선미를 마음껏 뽐내고 있다.

〈서든어택 2〉는 고증이나 현실성을 무시한 아이템을 유료 재화로 판매해, 돈을 지불한 유저가 승리할 가능성이 지나치게 높도록 만들어(Pay to Win) 게임 내 밸런스를 파괴한다는 비판을 받았다. 또한 새로운 게임을 표방했지만 〈서든어택 1〉의 맵을 그대로 따오면서 '재탕 논란'을 일으켰다. 문제는 그뿐이 아니었다. 미야와 김지윤의 캐릭터 사망 모션이 흡사 포르노 같다는 이유로 각종 커뮤니티에서 온갖 이미지가 돌아다니기 시작했고, 논란이 점점 커지자 넥슨 측은 게임의 간판으로 만들었다는 그 캐릭터를 삭제했다. 게임 서비스가 완전히 종료되고 난 이후에도 〈서든어택 2〉의 여성 캐릭터들은 3D 모션이 추출되어 SFM^{Sauce Filmmaker, 3D 모델링을 게임 등에서 추출해 자신만의 영상을 편집할 수 있는 프로그램} 등을 통해 포르노 영상 제작에 이용되는 등 논란이 그치지 않았다.

───── ★ 콰이어트 (메탈 기어 솔리드)

대작 콘솔 게임(일명 비디오 게임)의 최근 트렌드는 여성 캐릭터들의 지나친 노출을 지양하고, 좀 더 인간다운 모습을 드러내는 것이다. 그런데 〈메탈 기어 솔리드〉의 감독 코지마 히데오는 이런 흐름에 역행이라도 하듯 콰이어트를 최대한 야하게 만들어달라고 요청했으며, 게임 플레이 중 콰이어트를 관음적으로 관찰할 수 있도록 했다. 그걸 합리화한답시고 "콰이어트는 기생충 때문에 폐로 호흡할 수 없고 피부로 숨을 쉬어서 옷으로 몸을 덮고 있으면 안 된다"는 구체적인 설정을 덧붙이기까지 했다.

당시 유저들은 눈 가리고 아웅 식의 이런 구차한 '변명'을 들어주면서, 벗길 수밖에 없는 합당한 서사가 있었으니 그걸 본 자신들에게는 잘못이 없다고 말했지만, 유튜브 검색창에 콰이어트를 검색하면 게이머들이 이 캐릭터를 어떤 방식으로 소비하는지 명확하게 알 수 있다. 인게임 동영상 중 샤워 신 부분만 편집되어 돌아다니고, 주인공 캐릭터인 스네이크가 콰이어트의 몸 일부를 확대해서 볼 수 있도록 플레이어가 조작 가능하며, 대부분 그런 동영상이다.

──★ 〈클로저스〉의 여성 캐릭터들

2016년 한 게임 성우가 페미니즘 티셔츠를 펀딩했다는 이유로 교체되어 많은 논란을 일으켰던 바로 그 게임이다. 이 게임은 유저들의 커뮤니티에서 여성 캐릭터들의 노출과 색기 있는 모션으로 유명하다. 신규 캐릭터인 레비아를 홍보할 당시, 눈을 내리깔고 시선을 회피하는 표정을 지은 레비아 옆에 "당신만을 위한 도구가 되겠어요"라는 대사를 덧붙인 이미지는 미성년자 캐릭터의 성 상품화 논란을 일으켰다.

제작사인 나딕게임즈 측에서는 레비아가 원래 사람이 아니고 몬스터이기 때문에 인간의 나이를 적용시킬 수 없으며, 겉모습만 인간일 뿐 사람이 아니므로 문제가 없지 않느냐는 식의 반응을 보였다. 콰이어트 건처럼, 전형적인 설정을 갖다 붙여 노출을 합리화하는 케이스라고 할 수 있으며, 저런 광고를 하는 이 게임의 등급은 '15세 이상 플레이 가능'이다.

◀
미성년자 캐릭터의 성 상품화
논란을 일으킨 〈클로저스〉
홍보 이미지
자료: 나딕게임즈.

원래 그렇다는 말:
게임과 현실이 정말 그렇게 구분된다고?

미디어 속 여성 캐릭터들은 당시 사회가 요구하거나 선호하는 여성의 모습을 담아내지만, 이러한 미디어 속 여성 묘사가 오히려 현실을 더 강화하거나 왜곡하기도 한다. 노출 일변도의 게임 속 여성 캐릭터들을 접하게 된 게이머들은 게임상 노출이나 자극에 점차 둔감해지며, 성적 대상화된 캐릭터 표현에 점차 익숙해지게 된다. 미디어와 커뮤니티 등 자신이 접하는 모든 매체에서 아무렇지 않게 여성을 소비하는데 누가 위화감을 느낄 수 있겠는가?

　게임을 접하지 않았거나 게임에 익숙하지 않은 '게임 바깥'의 사람들이 이런 식의 여성 캐릭터 소비 방식에 불편함을 느끼고 이에 대해 문제를 제기할 때, 노출에 익숙해진 게이머는 다음과 같은 반응을 보이기 쉽다.

- **"게임이 다 그렇지 뭐"** 하며 심드렁하게 지나친다.
- **"우리는 게임인 걸 알아서 문제가 없지만 오히려 현실과 게임을 구분하지 못하는 건 너희 아니냐"**며 분노한다.
- **"이렇게 안 하면 안 팔린다"**며 게임 회사의 입장을 대변한다.

문제는, 유저들이 이런 식의 캐릭터 해석법에 익숙해지면 게임 회사가 새로운 타입의 여성 캐릭터를 제시하더라도 기존의 방식대로 해석하려 들고, 그에 맞지 않으면 불쾌해한다는 것이다. 그들은 이런 변화를 받아들이지 못하며, 자신들의 게임이 망가지고 있다고 불만을 토로한다.

〈미러스 엣지〉의 주인공 페이스는 게이머들이 일반적으로 이야기하는 '미형'의 얼굴이 아니다. 몸매 또한 성적으로 대상화된 다른 여성 캐릭터들에 비해 평범하게 묘사되었다. 외모가 특정 개그맨을 닮았다며 '봉선스 엣지' 같은 별명으로 불리기도 했다. 한 유저는 자신들이 보아왔던 '미형'의 여성 캐릭터가 아니라는 점에 불만을 토로하며 페이스의 얼굴을 이른바 '한국 게임 스타일의 미인'으로 고친 뒤 커뮤니티에 올렸다.

이런 식으로 바뀐 일러스트는 각 게임 커뮤니티 사이트에 여기저기 퍼져나갔다. 대다수의 한국 게이머들은 진작 이렇게 바뀌었어야 했다며, 누구라고 할 것 없이 바꾼 얼굴이 더 낫다며 칭찬했다. 그 와중에 가슴 사이즈를 기존 일러스트에 비해 한 치수 더 키우고, 유두를 드러내는 모양새를 추가한 것은 말할 것도 없다. 〈미러스 엣지〉의 프로듀서는 게임상 정형화된 미모의 여성 주인공을 탈피해야 한다며, 이런 식으로 고쳐진 페이스의 외모에 대해 유감을 표했다.

여성 캐릭터의 노출과 성 상품화에 대한 끊임없는 문제 제기는 국내외를 막론하고 지속적으로 있었다. 게임 업계

〈미러스 엣지〉의 페이스(왼쪽).
한 유저가 이를 '한국 게임 스타일의 미인'에 맞게 수정한 그림(오른쪽)이 커뮤니티 사이트에 퍼졌다.
자료: 다이스(원본), 인터넷 커뮤니티(수정본).

는 느릴지언정 문제가 되는 부분을 조금씩 바꾸어왔다. 과거 〈월드 오브 워크래프트〉 등에서 아무렇지도 않게 여성 캐릭터에게 비키니를 입히던 제작사 블리자드는, 〈오버워치〉로 넘어오며 여성 캐릭터의 노출을 대폭 줄이고 다양한 연령대의 여성 캐릭터들을 등장시켰다. 〈툼 레이더〉는 라라 크로프트의 외형을 리부트해 노출을 대폭 줄였고, 과거처럼 소모되길 원치 않는다고 말했다. 물론 이러한 변화는 아직 걸음마 단계이며, 여성 캐릭터의 외형적인 면뿐 아니라 다양한 역할도 추가되어야 하는 등 바뀌어야 할 요소는 많다. 하지만 5년 전이나 10년 전을 돌아봤을 때 분명 앞으로 나아가고 있다.

이러한 변화 속도를 감안하더라도 국내 게임 업계의 발전은 아직 느리다. 게이머들은 "외국에서 게임에 쓸데없는 사상 좀 묻히지 않았으면 좋겠다"는 식의 배타적인 반응을 보이고, 게임 회사에서는 모바일 게임에 여성 모델들을 기용해 남성 유저들을 상대로 광고하며, 여전히 성적 대상화된 여성 캐릭터들을 만들고 있다. 모터쇼에서 레이싱 모델을 예전처럼 소모하지 않는다는 이야기를 들은 사람도 있을 것이다. 레이싱 모델은 이제 게임 쇼에서 '부스 걸'이라는 타이틀을 달고 활동 중이다. 시류에 뒤떨어지는 여성 캐릭터로 논란이 된 〈서든어택 2〉의 발매연도는, 강남역 사건으로 각계각층이 공분했고 "소녀는 왕자가 필요 없다"고 새겨진 티셔츠로 많은 사람이 해고되었던 2016년이었다.

캐릭터의 성적 대상화에서 큰 문제는, 캐릭터를 포르노적으로 소비하는 방식을 실존하는 사람에게 그대로 적용하려 든다는 것이다. 〈니어: 오토마타〉의 메인 캐릭터 '2B'는 전투 중 특정 모션을 취하면 엉덩이와 속옷이 드러난다. 제작사는 이 모션을 세일즈 포인트로 삼았고, 남성 게이머들은 그에 부응이라도 하듯 2B가 보이면 엉덩이나 속옷과 관련된 댓글을 남긴다. 커뮤니티에 2B의 캐릭터 코스프레 사진이 올라오면 마치 게임 속에서 2B를 대하듯 엉덩이를 보여달라는 댓글이 달리고, 그 글은 많은 수의 공감을 받는다. 분명 성희롱이라는 건 말할 것도 없다. 누군가가 그 점을 지적하려 들면, 커뮤니티에서는 자정의 노력조차 없이 "너만 깨끗한 척하냐"며 날을 세운다.

자신들이 어떤 요소를 포르노적으로 받아들이고 있는지, 그것이 현실에서 발언될 경우 어떤 문제가 생길 수 있는지 인정해야 하지만, 게임 속 노출에 익숙해지면 그마저도 쉽지 않을 듯하다. 게임과 미디어의 유해성에 대해 누군가가 지적하면 그들은 늘 말한다. 자신들은 게임과 현실을 구분할 수 있다고. 그러나 게임 커뮤니티 곳곳에는 여성의 신체와 관련된 요소를 필수 소재로 삼는 댓글 놀이 문화가 퍼져 있다. 언제까지 "이 게임은 청소년 이용불가이기 때문에", "이 캐릭터는 인간이 아니기 때문에", "애초에 그런 문화니까" 괜찮다는 핑계를 대며 공개된 커뮤니티에서 여성을 성적 대상화할 것인가.

엔딩:

〈프린세스 메이커〉는 정말 소녀를
공주로 만들 뿐일까

2016년 스팀_{세계 최대 규모의 전자 게임 소프트웨어 유통망} 플랫폼으로 〈프린세스 메이커 1,2 리파인〉이 발매되었다. 1991년 〈프린세스 메이커 1〉이 발매된 이래로 이 시리즈는 육성 시뮬레이션 장르의 시초이자 바이블이 되었고, 새로운 게임 플랫폼이나 게임기가 나올 때마다 계속 재발매되었다.

처음부터 프린세스 메이커가 온 가족의 육성 시뮬레이션의 탈을 쓴 것은 아니었다. 1편의 경우 딸의 옷을 '벗긴다'는 선택지가 있었고, 딸을 때리면 '매력'(원판에서는 '색기')이 올랐다. 〈프린세스 메이커 2〉에서는 원조교제를 제안하는 남성 캐릭터들이 나왔으며, '매력'이 높은 상태에서 무사수행을 갔을 때 강간을 당하는 이벤트도 존재했다. 딸의 나이가 어느 정도 차면 아르바이트 항목에 '매춘'이 추가되었고, 바캉스를 떠나면 나체의 딸을 볼 수 있었다.

그뿐만이 아니다. 〈프린세스 메이커 2〉에서 딸의 가슴사이즈가 크거나 '매력'이 높아지면, 게임 속에서 추파를 던지는 사람들이 나타나거나 원조교제를 제안하는 이벤트들이 발생했다. 이런 수치는 '창부'나 '후궁' 등 특정 직업군의 엔딩 중에서 '굿 엔딩'을 보기 위한 지표가 되기도 했다.

강간이나 성적 학대에 대한 암시도 게임을 하는 내내 직간접적으로 이루어졌다. 이를테면 〈프린세스 메이커 1〉에

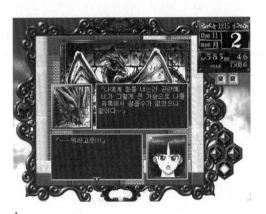

▲
〈프린세스 메이커 2〉의 한 장면. 그래픽은 개선되었지만 안의 내용물은 그대로다.
자료: 가이낙스.

서 '사기꾼 엔딩'에 나오는 문구는 딸이 누군가에게 맞는 이미지와 함께 딸이 강간당했음을 간접적으로 암시한다.

> ○○(딸 이름)은, 남자를 유혹하여 상대방의 돈을 털고 도망치는 일을 시작했다.
> 어느 날, 드디어 상대방 남자에게 들켜, 심하게 매를 맞았다.
> ○○은 사실 아직 처녀였지만, 미친 듯이 성난 남자는 그녀를 난폭하게 다뤘다.

국내에서 발표된 다른 많은 글이 이미 다루었듯이, 〈프린세스 메이커 1, 2〉는 페미니즘적 관점에서 문제가 많은 게임이었다. 플레이어는 아버지가 되어 자신이 원하는 모습의 '딸'을 키운다. 그 과정에서 여성의 능력과 신체 사이즈는 수치화된다. 딸은 아버지의 명령을 거부할 수 없으며, 직업에 귀천이 없다면서도 딸의 직업은 점수에 따른 엔딩으로 치환된다. 이를테면 〈프린세스 메이커 1〉의 '용병 엔딩'의 경우, 아버지 또한 용병에서 용사 루트를 탔고 딸도 고민 끝에 힘겹지만 용병으로서 자신의 길을 찾아 나섰다는 문구가 뜨지만, 그럼에도 불구하고 낙오자 엔딩으로 취급받는다.

이런 단점에도 불구하고 〈프린세스 메이커〉 시리즈에는 여성 팬이 많다. 비슷한 시기에 발매된 다른 게임의 여성 캐릭터들과 달리, 〈프린세스 메이커〉 시리즈의 딸들은 주요 캐릭터가 되어 다른 NPC들과 소통하며 다양한 교육을 받을 수 있었다. 딸은 노력에 따라 자신이(플레이어가) 원하는 존재가 될 수 있었다. '여성'이라서 할 수 없는 아르바이트나 교육은 없었고, '여성'이어도 왕국 최고의 무언가가 될 수 있었다. 이런 점은 여성 게이머들에게 일종의 대리만족을 주었기에, 플레이어가 '아버지'로 명명되었어도 많은 여성 게이머가 〈프린세스 메이커〉를 즐길 수 있었다. 제작사인 가이낙스 측에서도 이런 인기를 인식했는지 이후 플레이어의 성별에 여성(어머니)을 추가시켰다.

'프린세스 메이커'라는 이름처럼 직업 엔딩 외에도 시리즈 내내 '왕자와의 결혼'이 강조된다. 그렇다면 이 시리즈에서 여성의 '결혼'은 어떤 모습으로 비쳤을까? 시리즈의 토대를 닦은 〈프린세스 메이커 1〉의 경우 딸의 능력에 따라 결혼 상대가 정해진다. 매력 외에도 기품이나 체력 등의 능력치가 신랑감을 고르는 기준이 되었다. 때로는 몰락한 가문을 일으키기도 하고, 무기 상인의 아내가 되기도 하며, 이혼하거나, 누군가의 첩이 되기도 했다. 결혼 자체가 엔딩으로 이어지며 딸이 어떤 직업을 가졌다는 묘사는 나오지 않지만, 누군가와 결혼해 어떤 인생을 살았는지에 대한 언급은 나온다.

〈프린세스 메이커 2〉는 직업 엔딩과 결혼 엔딩을 동시에 볼 수 있다. 두 가지를 동시에 할 수 있다는 점은 긍정적이지만, 왕국 최고의 학자나 용사가 되었더라도 왕자나 마왕, 새끼용 등 특수 NPC와 결혼하게 되는 순간 직업적 평가는 전부 사라지며, 엔딩에서는 딸이 청혼을 받고 결혼하는 모습만 묘사된다. 딸의 직업적인 성공을 보려면 NPC와의 결혼을 포기하고 얼굴 없는 평범한 남성과 결혼해야 한다.

더욱이 특수 NPC인 '유스 드래곤'의 경우, 유스 드래곤이 딸에게 청혼하러 올 때 동행한 늙은 드래곤이 지참금을 주면서 결혼을 시키자고 제안하고, 부모가 이를 받아들이면 딸은 거부할 수 없었다. 도덕 수치가 낮을 경우 딸은 누구와도 결혼하지 않으며, 이 점은 엔딩에서 마이너스 요소가 된다. 엔딩에서 평가당하는 수치에는 '모성애'도 포함되어 있는데, 좋은 엄마가 되기 위해서는 보육원 아르바이트를 반드시 해야 한다.

〈프린세스 메이커 3〉은 〈프린세스 메이커 1〉처럼 결혼 엔딩이 따로 떨어져 나왔다. 왕자의 수가 전보다 늘어나 수많은 결혼 엔딩이 존재하지만, 어떤 식으로든 결혼 엔딩을 보려면 매력 수치가 최소 500 이상이 되어야 한다. 매력 수치가 낮을 경우 결혼 엔딩은 볼 수 없다. 왕자들은 매력이 낮은 딸은 거들떠보지도 않는다.

〈프린세스 메이커 5〉는 가장 최신작(2007년 발매)임에도 결혼 엔딩이 매우 실망스럽다. 기존 시리즈에서 스탯_{캐릭터의} _{능력 수준을 수치화한 것}이 쌓이면 자동으로 진행되던 이벤트들은 연애 시뮬레이션 게임처럼 선택지가 추가되었고, 이것들을 거치고 나면 NPC는 딸에게 프러포즈를 한다. 문제는, 승낙할 경우 이 결혼들이 지나치게 씁쓸하다는 점이다.

모범생 켄이치와의 결혼 엔딩에서는 은근슬쩍 미루는 켄이치의 성격 탓에 가사는 전부 딸의 몫이 된다. 가사일 때문에 자주 싸우지만 "싸워도 나한테 폭력은 안 쓰니까"라며 자기 합리화하는 딸의 대사가 나오며, 딸의 독립심이 높으면 이혼을 하게 된다. 이혼 엔딩에서는 딸이 켄이치의 가사 노동 떠넘기기를 참지 못해 따지고, 켄이치는 잔소리를 견디지 못해 이혼하게 된다.

독립심이 높아 이혼하는 것은 연예인 신야와의 결혼 엔딩에서도 마찬가지다. 스타 부부로서 화려한 삶을 이어가며 주목 속에 살지만, 보는 눈이 있으니 조용히 살라는 신야의 말을 참지 못하고 다툼 끝에 이혼한다. 켄이치나 신야와의 결혼 엔딩은 모두 독립적인 딸을 '제멋대로인 딸'로 평가한다(기존 시리즈에서 딸이 부모가 시키는 대로 움직였다면 〈프린세스 메이커 5〉에 추가된 '독립적'인 성격은 자신의 의지대로 스케줄을 수정할 수 있게 한다. 시스템적으로는 한 걸음 진보한 셈이지만, 플레이어가 시키는 대로 움직이지 않는다는 점에서 싫어하는 유저들도 있었다).

　과묵한 히토시와 결혼하게 될 경우, 다섯 아이를 낳아 독박 육아를 하는 딸의 모습을 볼 수 있다. 엔딩 지문은 전부 육아에 치여 정신없어하는 대사뿐이다. "힘든 삶이지만 나의 행복은 (아이) 아빠와 아이들"이라며 마무리되는 일반 엔딩과 달리, 이혼 엔딩의 경우 독박 육아를 견디지 못한 딸이 육아를 도우라며 화를 내고, "육아는 여자의 일"이라거나 "애 수발은 가정부한테 시키면 되니까 나가라"라고 말하는 히토시의 대사가 나온다.

　연예계 기획사 스카우터인 산쥬로와의 결혼 엔딩에서 딸은 산쥬로보다 19살 어리다. 딸은 결혼 후 스타가 되는 것보다는 산쥬로를 돕는 게 꿈이라며 내조를 한다. 도덕심이 높은 경우 딸은 산쥬로가 바람피우는 것을 용납하지 못하고 이혼을 하게 된다. 그 말인즉 도덕심이 낮을 때는 그런 일이 발생하지 않거나, 발생하더라도 딸이 묵인하고 살아간다는 소리가 된다.

　이처럼 〈프린세스 메이커 5〉에 등장하는 결혼 엔딩에는 몇 가지 공통점이 있다. 여성이 지나치게 섬세하거나 독립적인 성격이면 결혼 생활에 방해가 된다. 도덕심이나 프라이드가 높아도 마찬가지다. 성격이 특출 나지 않고 무던할 경우 결혼 생활은 행복하게 묘사된다(이혼하지 않는 엔딩에서 딸은 결혼 상대의 아쉬운 점들에 대해 언급하지만 그 정도는 아무것도 아니라는 듯 참고 넘기며, 현상을 바꾸려 하기보다는 내조에 집중하는 모습을 보인다).

〈프린세스 메이커 5〉의 결혼 엔딩 상당수는 딸의 능력치가 아무리 높더라도 결혼한 순간 남편 혹은 누군가의 엄마 역할을 하는 여성 캐릭터를 보여줄 뿐이다. "남편이 행복하기 위한 길은 자신의 삶을 포기하고 남편의 곁에서 남편을 돕는 것"이라는 딸의 대사는, 게임 속 배경인 현대 일본의 모습과 겹쳐지며 결혼한 현대 여성에게 무엇이 암묵적으로 요구되는지 보여준다. 소꿉친구와 결혼하더라도 엔딩에서는 남편에게 극존칭을 쓰며, 남편은 그것을 당연하게 받아들인다. 이런 엔딩들은 실제 배경과 맞물려 기묘한 현실감을 부여하고, 플레이어에게 찝찝한 뒷맛을 남기게 된다.

〈프린세스 메이커〉 시리즈는 발매된 지 20년이 지났는데도 새로운 플랫폼의 게임기가 나올 때마다 여전히 재발매되고, 인기리에 팔린다. 그 과정에서 선정적인 그래픽은 고쳐졌지만, 내용물은 바뀌지 않았다. 첫 발매 당시 보편적이었던 결혼관이나 여성에 대한 시선이 그대로 녹아 있으며, 2007년에 나온 〈프린세스 메이커 5〉에서도 이러한 불편함은 전혀 사라지지 않았다. 딸의 이혼은 여전히 '배드 엔딩'으로 취급되며, 결혼 엔딩은 얼마나 좋은 신붓감이 되었느냐에 대한 서술일 뿐이다.

만약 차기작이 발매된다면 결혼한 딸의 삶이 단순히 '현모양처' 혹은 '좋은 신랑감을 잡아 잘 결혼했다'로 끝나지 않았으면 한다. 결혼 이후 여성의 삶은 좀 더 다양하며, 누군가의 아내로 삶이 끝나는 것 또한 아니다.

VR 게임:
온라인 커뮤니케이션과 윤리

〈월드 오브 워크래프트〉에는 다양한 소셜액션이 존재한
다. 채팅창에 '/행동'을 치면 캐릭터들이 특정한 움직임과
함께 대사를 말한다. 예를 들어 '/인사'를 치면 정중하게 허
리를 굽히고 인사하고, '/춤'을 치면 종족별 고유의 모션으
로 춤을 추는 식이다.

　〈월드 오브 워크래프트〉의 주된 이야기는 '얼라이언스'
와 '호드'의 대립이다 보니 시스템적으로도 플레이어는 상
대 진영과 채팅을 할 수 없고, 공격 외 다른 행동은 하지 못
하도록 설계되어 있다. 상대 진영의 플레이어와는 자연스
럽게 적대적인 액션을 취하게 된다. 플레이어들끼리 상대

진영의 퀘스트 진행을 방해하는 것은 기본이고, 초보자 구역에 상대 진영의 최고 레벨 캐릭터가 등장해서 마을 NPC를 전부 죽여 정상적인 퀘스트를 진행하지 못하게 만들기도 한다. 상대 진영의 플레이어를 죽이고 괴롭히는 일련의 행위는 그간 비매너로 여겨져 자제되어 왔지만, 〈월드 오브 워크래프트〉 속에서는 게임 콘텐츠의 일부로 통용되었다.

초기 〈월드 오브 워크래프트〉에는 이러한 감정 표현을 이용한 '강간 매크로'라는 것이 존재했다. 어떤 유저가 특정 소셜액션들을 한데 묶어 (상대방을 쓰러뜨린 후) 사용했는데, (쓰러진 상대를) 강간하는 것 같은 행동과 텍스트가 게임 화

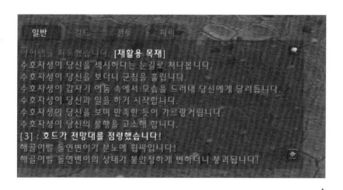

'강간 매크로'라고 불린 〈월드 오브 워크래프트〉의 초기 소셜액션.
특정 행동을 하면 이처럼 문구가 출력되고 캐릭터가 움직이면서 상대방의 불쾌감을 유도한다.
자료: 블리자드 엔터테인먼트.

면에 나타나고, 이를 상대가 부활할 때마다 반복한 것이다.

이를 당한 상대 유저는 자신의 쓰러진 캐릭터가 '강간 매크로'를 당했다며 GM^{게임 운영자}에게 불만을 제기했다. 가해 유저는 실제 있는 기능을 사용하는 것인데 왜 문제가 되느냐며 항의했으나, 결국 이용 정지를 당했다. 이후 유저들 사이에서는 실제로 행한 것이 아닌 사이버상 행동일 뿐인데 문제가 될 수 있는지 논란이 일었다. 국내뿐 아니라 해외에서도 〈월드 오브 워크래프트〉를 플레이하는 여성 게이머들이 이런 사례가 발생하면 성적 모욕감을 느낀다고 커뮤니티 게시판에 공론화했고, 이 소셜액션은 결국 수정되었다.

기술의 발전으로 스마트폰이 보급되면서 등장한 증강현실^{AR, Augmented Reality} 게임도 비슷한 문제를 겪고 있다. 〈포켓몬 GO〉 등은 게임을 실행시킨 채 특정 장소에 방문하면 이벤트가 일어나는 방식으로 진행된다. 현실과 가상세계가 적절히 혼합된 게임으로 큰 인기를 끌었지만, 길게 흥하지 못하고 사그라들었다. 여기에는 콘텐츠 부족 등 많은 이유가 있었지만, 여성들이나 아이들이 게임을 하기 위해 특정 장소에 방문했을 때 그 장소에서 안전을 보장받을 수 없다는 점도 위험요소로 꼽혔다.

특히 〈포켓몬 GO〉 이전에 발매된 〈인그레스 AR〉의 경우, 같은 게임을 하는 여성 게이머를 보고 한 유저가 인터넷 카페에 "뒤에서 껴안고 싶다" 같은 글을 올리면서 큰 논란이 벌어졌다. 현실 세계의 특정 장소를 방문해야 하는 AR 게임의 특성상 거주지 근처에서 주로 플레이하게 되고, 플레이하는 다른 유저를 관찰할 수 있다. 따라서 실제 사람과 유저의 닉네임을 연결 지을 수 있고, 마음만 먹으면 그 유저가 주로 가는 동선 등을 파악할 수도 있다. 이는 범죄의 가능성을 시사하므로 해당 게임의 인터넷 커뮤니티는 게임을 할 때 혼자 다니거나 으슥한 곳을 다니지 말라고 권고했지만, 많은 여성 게이머들이 게임 속에서 더 이상 안전함을 느끼지 못하고 게임을 중단했다.

기술이 발전하면서 증강현실이나 가상현실VR, Virtual Reality에서 모욕감을 느끼는 사례들은 모니터 안의 사례로만 머무르지 않는다. 과거에 텍스트로만 이루어졌던 간접 체험이 점점 피부에 와 닿는 경험으로 현실화되고 있기 때문이다. 게임 업계에서도 적극 활용하고 있는 가상현실의 경우 그 우려가 더욱 크다.

2017년 한 게임 성우의 VR 게임 스트리밍 방송이 논란이 되었다. 〈서머 레슨〉이라는 게임은 화면 속 여성 캐릭터와 의사소통을 하며 정해진 기간에 공부를 하는 육성 시뮬레이션 게임이다.

당시 스트리밍 방송에서는 화면 구석에서 성우, 즉 VR 기기를 쓴 플레이어의 모습 또한 볼 수 있었는데, 플레이어는 제공되지 않는 각도로 여성 캐릭터의 속옷을 보기 위해 계속 몸을 움직인다. 모니터에 보이는 플레이어의 시야와, 치마 밑을 보기 위해 몸을 숙이고 기울이는 플레이어의 실제 자세 등이 동영상에 그대로 나왔는데, 이를 두고 현실의 범죄와 겹쳐 보여 불쾌감을 느꼈다는 사람들이 다수 등장했다. 이 사건은 나아가 해당 성우가 등장하는 게임을 보이

▲
VR 기기를 쓴 플레이어가 치마 밑을 보기 위해 화면 앞에서 실제로 몸을 숙이고 기울이는 자세 등이 게임 스트리밍 방송에 그대로 나오면서 논란이 된 〈서머 레슨〉.
자료: 반다이남코.

콧하겠다는 움직임으로도 이어졌다.

이런 사건은 국내에서만 일어나지 않았다. 외국에서는 2016년에 이미 VR 게임 속 성추행 이슈가 한차례 지나간 적이 있다. 〈QuiVr〉은 성벽에서 활을 쏴 좀비를 쓰러트리는 게임으로, VR 기기를 착용하고 화면에서 손을 움직여 조작하는 방식이다. 그런데 온라인에서 게임을 하던 남성 유저가 보이스 채팅을 통해 함께 게임하던 다른 플레이어가 여성임을 알게 되자 여성 게이머의 아바타를 터치하며 쫓아다닌 사건이 있었다. 이 게임은 적이 아닌 같은 플레이어에게 취할 수 있는 액션이 없었고, 이를 제지할 수 있는 운영자 또한 존재하지 않았다. 그렇기에 해당 유저는 남성 유저의 터치에 속수무책으로 당할 수밖에 없었다.

게임 속에서 유저의 아바타는 신체 없이 팔과 머리만 둥둥 떠다니기에, 제삼자의 시선으로는 해당 유저의 손이 공중에서 허우적대는 것으로 보일 수도 있다. 그러나 게임의 아바타와 자신을 일치시키기 쉬운 VR의 특성상, 거부 의사를 명백히 밝혔음에도 자신의 시야에 들어와 움직이는 남성 유저의 손은 피해자에게 성추행으로 느껴지기에 충분했다. 해당 유저는 그 플레이로 인해 느낀 불쾌감을 블로그에 게시했다.

게임 회사는 뒤늦게 다른 캐릭터의 신체에 다가가면 손이 없어지도록 처리함으로써 그런 유사한 사례가 발생하지 않을 것이라고 했다. 이는 일종의 소극적인 대응인데, 해당 기능을 사용한 가해자가 처벌받지 않았으며, 그런 시도를 지속적으로 할 수 있지만 단지 기술적으로만 보이지 않게끔 처리한 것이기 때문이다.

〈월드 오브 워크래프트〉 때처럼 게임 안팎에서는 신체적 피해가 없었는데도 이 사건을 성추행으로 봐야 하느냐며 탁상공론이 벌어지기 시작했다(실제 피해자가 있었음에도 말이다). 그러나 조금만 생각해보면 이 사례는 기존의 온라인 게임에서 발생했던, 텍스트와 캐릭터 모션을 이용해 모욕감을 줬던 수많은 성추행 사건들이 VR이나 AR 같은 새로운 기술과 만나 좀 더 실제처럼 구현되었을 뿐이라는 것을 알 수 있다.

한쪽에서 VR에 대한 성추행 사례들이 보고되고 있을 때, 심의를 받지 않는 음지에서는 VR을 이용한 포르노 게임들이 발매되고 있고, 심의를 받는 공개된 플랫폼에서도 성행위만 없을 뿐 각종 훔쳐보기를 시도하거나 터치할 수 있는 게임들을 발매하고 있다. 코에이테크모는 〈데드 오어 얼라이브 익스트림 3〉의 트레일러에서 비키니 수영복을 입은 여성 캐릭터들과 어울리며 그라비아 화보를 촬영하는 게임을 홍보했다.

　가상현실의 발달 속에서 VR 게임은 게이머에게 더욱 실제와 같은 경험을 제공한다. 이는 게임을 통한 경험도 현실에서 느낀 것과 크게 다르지 않게 발전할 것이라는 말과 같다. VR 기술은 포비아 치료와 PTSD(외상 후 스트레스 장애) 극복 등에서 긍정적인 사례들이 보고되고 있지만, 악용되는 사례가 일어나지 않으리라는 보장은 없다. 이미 게임 업

▲
〈데드 오어 얼라이브 익스트림 3〉의 트레일러는
비키니 수영복을 입은 여성 캐릭터들과 어울리며
그라비아 화보를 촬영하는 게임을 홍보했다.
자료: 코에이테크모.

계에서 하나둘 나타나고 있듯이, VR은 숨겨둔 말초적인 욕망들을 마음껏 발현하기 위한 창구로도 존재하고 있기 때문이다.

현실 사회에 만연한 젠더 권력이 VR을 통해 재생산될 때, 이를 소비하는 게이머들은 그런 기울어진 젠더를 단순히 받아들이고 즐기는 선에서 그칠 수 있을까? 사람들은 문화를 통해 사회적으로 합의된 구조를 습득한다. 가상현실 속에서 사람들은 평소에 하지 못하는 행동들을 쉽게 해왔다. 앞에서 언급했던 〈월드 오브 워크래프트〉의 강간 매크로가 VR 게임에서 벌어진다면?

여성 게이머들은 VR 기기가 발매되기 전부터 이미 온라인 게임 도중 자신의 성별이 드러났을 때 발생할 수 있는 문제점에 대해 충분히 인지해왔다. 온라인 게임에서도, AR에서도 위협적인 요소는 늘 있었다. 이용자가 가상현실을 실제 현실처럼 느끼도록 하는 데 중점을 두는 VR 기술의 특성상, 아무리 안전한 장소에서 플레이한다고 해도 사건이 일어났을 때의 충격은 실제로 겪을 때와 크게 다르지 않을 것이고, 그렇기 때문에 자신이 원하지 않을 경우 그 상황을 벗어날 수 있는 최소한의 안전장치가 보장되어야 한다.

그렇지 않으면 VR이라는 새로운 기술은 늘 그랬듯이 결국 특정 계층만이 즐길 수 있는 콘텐츠에 그치고 말 것이다. 누구라도 자신이 안전하고 편안하게 여기는 공간에서 예상치 못한 위협을 느끼고 싶지 않을 테니까.

부디 조심하세요
Bury me, My Love

이 게임은 실화를 기반에 둔, 좀 더 개인적인 시각에서 본 난민에 관한 이야기이다. 시리아 내전을 배경으로 하며, 주인공 누르 (Nour)는 시리아에서 잃었던 소중한 것들에 대한 기억을 가슴에 안은 채 더 나은 삶을 살고자 독일로 향한다. 플레이어는 누르의 남편인 메지드(Majd)이며, 먼저 떠나는 누르를 응원하고 누르가 방문했거나 방문할 장소에 대한 정보를 찾아주기도 한다. 시리아에 남아 있는 메지드가 누르와 연결될 수 있는 방법은 오직 핸드폰이며, 메지드는 누르가 무사히 독일에 도착하는 것을 지켜봐야 한다. 게임의 이름인 'Bury me, My Love'는 시리아인의 작별 인사로 '조심하세요'라는 뜻이다. 어원을 살펴보면 '내가 죽어 묻히기 전까지는 먼저 죽을 생각 마라'는 뜻을 담고 있다. 문화적 배경 위에 쌓아올려진 작별 인사는 내전국 사람들에게 수많은 의미를 내포하고 있는 셈이다.

누르는 첫날에 돈을 유로로 환전하고, 추가 배터리나 편한 옷, 비상약 등을 챙긴다. 시리아를 떠나는 첫 발걸음은 제법 경쾌하게 그려진다. 누르와 메지드는 때때로 농담을 나누고, 서로의 셀카를 공유한다. 그들의 대화 내용은 보통 연인의 것과 크게 다르지 않지만, 그들이 아무렇지 않게 말하고 지나가는 소재에는 전쟁이 할퀴고 지나간 흔적들이 고스란히 남아 있다.

게임 속에서 문자와 사진을 교환하며, GPS로 누르의 위치를 확인하고 여정을 따라가는 동안 플레이어는 자연스럽게 누르를 응원하게 된다.
자료: 플레이디우스.

규칙과 방법

인터랙티브 게임(플레이어의 선택에 따라 스토리가 바뀌는 게임)답게 다양한 선택지를 제공하며, 어떤 루트로 향하는지에 따라 다양한 경험을 할 수 있다. 난민 캠프에 머무르기도 하고, 동향인 사람들과 함께 지내는 대신 낯설지만 안전한 호텔에서 숙박할 수도 있다. 당연히 누르가 독일로 향하는 과정은 순탄치 않다. 공항으로 가는 버스 기사는 기존에 없던 위험수당으로 몇 배나 되는 돈을 더 요구하고, 때로는 밀수업자를 통해 국경을 넘어가야 한다. 아는 이 하나 없는 타국에 홀로 있을 때, 낯선 이들이 누르에게 어떤 목적으로 접근하는지 플레이어로서는 도저히 알 수 없다.

누르로 대표되는 난민들의 경험은 플레이할수록 좀 더 생생하게 다가온다. 가령 그리스에 도착하면 곳곳에서 인종 차별 집단들이 난민을 적대시한다는 사실을 알게 된다. 누르가 길을 걸을 때는 수상한 사람들이 그에게 따라붙는데, 전화 너머 남편(플레이어)이 할 수 있는 일이라곤 상점을 찾아 들어가라고 말하거나 경찰에 신고하라고 이야기하는 등 간접적인 조언뿐이다. 그마저도 난민 신분인 누르에게 어떤 방법이 유리할지 알 수 없다.

추천 포인트

모바일로 게임을 하면, 실시간으로 문자를 주고받는 것처럼 환경 설정을 할 수 있다. 문자가 오면 팝업 알람이 뜨고, 누르가 잠이 들거나 교통수단을 통해 다른 나라로 이동할 때는 연락할 수 없다. 이는 플레이어에게 좀 더 현실적인 경험을 제공한다(이 기능은 2019년 발매된 PC 버전에서는 삭제되었고, 그 대신 좀 더 빠른 속도로 플레이할 수 있다). 게임이 실시간으로 진행되지 않더라도 게임 속에서 문자와 사진을 교환할 수 있으며, GPS로 누르의 위치를 확인하고 여정을 따라가는 가운데 플레이어는 자연스럽게 누르를 응원하게 된다.

공식 한글화가 되지 않았지만, 이런 단점을 상쇄할 만한 경험을 제공한다. 문자를 통한 일상 대화로 게임이 진행되기 때문에 영어임에도 복잡한 문장은 없어 게임의 흐름을 이해하는 데 큰 무리는 없을 것이다.

게임 속의 여성,
게임 밖의 여성

전쟁 게임:
전장 속 여성들의 이야기

우리는 전쟁에 대한 모든 것을 '남자의 목소리'를 통해 알았다.
우리는 모두 '남자'가 이해하는 전쟁, '남자'가 느끼는 전쟁에 사로잡혀 있다.
— 스베틀라나 알렉시예비치, 《전쟁은 여자의 얼굴을 하지 않았다》

지금까지 전쟁을 소재로 한 많은 게임들은 남성 주인공의 영웅 서사시를 주제로 삼았다. 게임 속 주인공들은 다양한 시나리오 아래 갖가지 정당화된 이유로 살인을 저질렀고, 그것들은 영웅담이 되어 게임 속에서 칭송되어왔다. 그래 픽과 시스템이 발달하면서, 가상의 전쟁이 아닌 현실의 전 쟁을 구현하는 게임일수록 게임 속 다양한 살상 무기들은 더욱 그럴싸해졌다. 게임 회사는 게임 속 무기들이 실제 기 기와 흡사한 성능과 화력을 재현하고 있다고 홍보했다. 이 무기가 실제 전투에서 어떤 방식으로 사용되었는지, 효과음은 실제 무기의 소리와 얼마나 비슷한지 끊임없이 연구했고, 이를 주된 판매 전략으로 사용하기도 했다. 다른 게임들도 그렇지만 특히 전쟁 게임에서 핵심적인 주인공들은 남성들로 구성되어 있었다.

판매 전략의 다양화 때문일까. 전쟁 게임은 점차 이런 흐름에서 벗어나기 시작했다. 〈스펙 옵스: 더 라인〉, 〈발리언트 하츠〉 같은 게임들은 영웅담을 들려주는 대신 전쟁이 얼마나 잔인한 것인지를 현실적으로 묘사하고 있으며, 그동안 비현실적이라는 이유로 여군을 등장시키지 않았던 게임들은 점차 여성 캐릭터를 집어넣기 시작했다.

──── ★ 보통의 사람들이 겪는 전쟁

11 비트 스튜디오에서 발매된 〈디스 워 오브 마인(This War of Mine)〉(이하 TWoM)은 보스니아 내전에서 모티브를 얻은 게임이다. 플레이어가 조작할 수 있는 많은 캐릭터들은 전부 민간인이며, 어느 날 갑자기 예상치 못하게 전쟁에 휘말린 사람들이다. 플레이어는 전쟁이 끝날 때까지 살아남는 것이 목표이며, 살기 위해 때로는 도덕적으로 어긋나는 선택을 해야 한다.

TWoM은 주간과 야간 두 페이즈(단계)로 나뉜다. 낮에는 저격수에게 노출될 위험이 있으므로 거처에 머무르며 내부를 보수하고 필요한 물품들을 제작한다. 밤이 되어 사람들의 수가 적어지면 그제야 저격수의 눈을 피해 도시 곳곳을 탐색한다. 이 과정에서 무장 단체에 붙잡힌 사람을 구출해줄 수도 있고, 병든 부모를 돌보는 집에서 약을 훔칠 수도 있다.

TWoM에서 조작할 수 있는 많은 캐릭터들은 성별보다는 직업이나 서사에 따라서 옮길 수 있는 짐의 양이 정해지며, 생존을 위한 기술을 갖게 된다. 여성 캐릭터라고 더 쉽게 정신적 충격을 받지 않으며, 누군가의 짐이 아닌 생존자 중 한 사람의 역할을 한다. 물론 여성 캐릭터들이 전반적으로 남성 캐릭터들보다 전투 수치가 떨어지는 경향이 있지만 다른 특성들, 예컨대 어떤 캐릭터는 교섭을 잘한다든가 어떤 캐릭터는 타인이 무너지지 않도록 격려하는 데 특화되어 있다거나 하는 식으로 단점이 보완된다. 게임의 배경과 캐릭터들이 민간인이라는 특성상 작정하고 플레이하지 않는다면 전투는 충분히 피할 수 있다. 물론 전투가 최선의 생존법이 아닌 경우도 있다.

TWoM에 나오는 캐릭터들은 모두 전쟁 이전의 삶을 가지고 있다. 게임을 통해서 전쟁이 각 캐릭터들의 인생을 어떻게 바꾸어버렸는지 보여주며, 그곳에서 남성적인 무용담은 설 자리를 잃는다. TWoM 속 여성 캐릭터들의 이야기를 살펴보자.

카티야는 전쟁 전에 기자의 삶을 살았고, 전쟁이 터지고 나서 자신이 겪은 것들을 전부 기록해 출판하려고 한다. 플레이어의 행동에 따라 전쟁이 끝난 이후 카티야의 운명은 크게 달라진다. '배드 엔딩'에서는 전쟁이 벌어지는 동안 살아남기 위해 했던 일들이 트라우마로 남아 일지를 출판하지 못한 채 태워버리고, '굿 엔딩'에서는 카티야의 전쟁 일지가 전쟁에서 살아남은 사람들의 이야기로 크게 주목받는다.

아리카는 빈민 가정 출신의 학대받는 청소년이었다. 전쟁 전에는 집 안에서 부모에게 학대받고 집 밖에서 도둑질로 삶을 이어나갔다. 전쟁이 터지고 나서는 다른 생존자들에 비해 더 빨리 적응할 수 있었다. 아리카는 전쟁을 견디며 자신이 사람들과 좋은 관계를 맺을 수 있을지, 사람들을 신뢰할 수 있을지에 대해 고민한다. 엔딩에서 아리카는 감옥에 복역하거나, 전쟁의 상처로 누구도 믿지 못하게 되거나, 아니면 그 상처를 딛고 어떻게든 좋은 사람이 되기 위해 노력한다.

캐릭터 중 최약체로 평가받는 시비에타의 경우, 게임 속에 나오는 파괴된 학교의 교장이다. 시비에타의 스킬들은 전투나 수집에 특화되어 있지 않지만, 어린이들을 돌보는 데 부가 효과가 있으며, 사람들을 치료하는 데도 다른 캐릭터보다 낫다. 약이나 붕대가 희귀해진 전쟁 통에서 이 특성은 굉장한 도움이 된다. 엔딩에서 시비에타는 자신의 교육열을 계속 유지하고 트라우마 속에서도 학교로 돌아가 아이들을 가르치거나, 변화된 삶을 견디지 못해 은퇴한다.

게임 속 캐릭터를 한번 둘러보고 나면, 유저들 사이에서 유독 나쁘다고 평가받는 캐릭터들은 '전투'나 '수집'에 특화되지 않은 캐릭터들임을 알게 된다. 앞서 말했듯이 TWoM 속에서 전투는 얼마든지 피할 수 있는 요소이며, 제작자가 전달하려는 메시지처럼 전쟁 속 수많은 민간인들 중에는 게임 속 캐릭터들같이 특출나게 강인한 사람보다는 나약하고 매 순간 선택의 갈림길에 선 사람들이 더 많을 것이다.

게임이 끝나면, 다른 전쟁 게임의 엔딩과 달리 그들은 전쟁을 이겨낸 용사답게 행복해지지 않는다. 모두 마음속 한구석에 상처를 지니고 살아간다. 이는 《전쟁은 여자의 얼굴을 하지 않았다》에 나오는 많은 여군의 이야기와도 유사하다. TWoM에 나오는 캐릭터들은 군복을 입고 적들과 싸우지 않았다뿐이지 자신만의 전쟁을 치르고 살아남은 자들이다.

—— ★ 싸웠지만 잊힌 여성들

제이슨 모닝스타가 만들고 초여명에서 발간한 TRPG 게임Tabletop Role-Playing Game. 플레이어들끼리 모여 등장인물이 되어 상황을 제시하고 이야기를 만들어나가는 방식의 게임 〈밤의 마녀들〉은 2차 세계대전 때 독일군과 싸우던 소련군의 여성 비행 분대인 588야간폭격연대에 대해 다룬 게임이다.

〈밤의 마녀들〉 게임(왼쪽)과 게임의 배경이 된 실제 588연대
자료: 도서출판 초여명, 뉴욕타임스.

앞선 TWoM이 전쟁 속 민간인들 이야기를 다루며 그 속에서 여성들의 이야기를 언급했다면, 〈밤의 마녀들〉에서는 전쟁에 직접 참여한 여성들의 이야기를 다루고 있다.

게임은 TWoM처럼 주간과 야간으로 나뉜다. 낮에는 물자를 보급하고 수리를 하거나, 캐릭터들과 교류하는 등 막사 안에서 활동한다. 그리고 밤에는 낮 동안에 얻은 것들을 구식 쌍엽기(날개가 아래위로 쌍을 지어 달려 있는 비행기)에 싣고 출전해 독일군에게 폭격을 가한다.

게임을 시작할 때 플레이어들은 캐릭터가 전장으로 입대하는 과정을 직접 묘사할 수 있다. 이때 캐릭터에게 제시되는 질문을 통해 플레이어는 '여성'으로서 전장에 참여하는 게 어떤 의미인지 생각해보게 된다.

- 비행 교관이 순전히 여자라는 이유로 낙제를 시켰을 때, 어떻게 했나?
- 자기 성별로 인해 남의 호의를 입었을 때, 그것을 어떻게 갚았나?

여성이기 때문에 생기는 이벤트는 이것으로 그치지 않는다. 플레이어들은 남성 군인들의 추파를 견뎌야 하고, 불균등하게 배급되는 물자를 받아야 하며, 남성 부대가 쓰고 버린 부품들을 줍고, 같은 군인임에도 여성이라는 이유로 멸시를 견뎌야 한다.

전쟁과 죽음은 뗄 수 없는 관계이기 때문에 〈밤의 마녀들〉 속에도 죽음은 존재한다. 죽음은 두 종류인데, 전투로 인한 사망과 징표로 인한 사망이다. '징표'는 경험이 남긴 흔적이다. 전쟁에서 벌어진 사건들은 전부 징표가 될 수 있으며, 이는 캐릭터가 성장하는 계기가 된다. 일정 수치 이상의 징표가 쌓이면 아무리 뛰어난 비행사여도 필연적으로 사망에 이른다(물론 이야기의 진행상 캐릭터가 사망하는 게 맞다고 판단되면 징표나 피해와 무관하게 사망시켜도 상관은 없다). 다음은 〈밤의 마녀들〉에서 사용될 수 있는 징표의 일부다.

- 친구나 애인의 죽음을 겪는다.
- 고향의 경험을 회고한다.
- 예감을 다른 사람과 나눈다.

이런 징표들은 게임 플레이 중 캐릭터마다 다른 타이밍에 나타나며, 이후 캐릭터의 행동에 더 깊은 동기를 부여하기도 하고, 캐릭터에게 생동감을 불어넣기도 한다. 갑작스럽게 생긴 징표 때문에 캐릭터들의 전쟁 속 이야기는 깊어지고, 이야기가 깊어질수록 캐릭터들의 죽음은 더 큰 비극이 된다.

TWoM과 마찬가지로 이 게임도 누군가의 영웅담이 아

니다. 전쟁에서 얼마나 대단한 활약을 펼쳤고 전쟁을 얼마나 승리로 이끌었는지보다는, 어떻게 전쟁을 겪었고 얼마나 치열하게 살아남았는지, 혹은 어떻게 죽어갔는지를 중심으로 이야기가 펼쳐진다.

게임의 주된 갈등은 젠더에서 비롯된다. 여성 군인들은 군대에 직접 자원했음에도 여성으로서 어떤 차별을 받았는지, 남성 군인들의 멸시를 어떻게 견디는지 끊임없이 보여준다. 여군들은 밤에는 독일군과 싸워야 하고, 낮에는 아군의 성차별과 당에 대한 충성심을 시험받는 공간에서 살아남아야 한다. 월경을 하더라도 비행은 나가야 하고 부상을 입었어도 보급에는 차질이 없어야 한다. 눈에 크게 띄는 실수를 했어도 죽음의 징표가 찍히지만, 승리에 엄청난 공헌을 했어도 징표는 하나둘 찍힌다.

플레이어들은 이 게임을 통해 당시 588연대가 어떻게 전쟁을 치러나갔는지 간접적으로 체험한다. 물자 보급이나 화력 차이 등 전쟁의 현실적인 어려움 위에 추가로 얹어진 젠더의 짐은, 여성에게 전쟁이 어떤 것인지를 경험하게 해준다. 플레이어들이 직접 이야기를 만들어나가는 TRPG 장르의 특성상 간접 경험의 효과는 극대화된다.

여군을 적극적으로 활용한 러시아의 경우, 실제로 전쟁

이 끝나고 살아남은 여성들은 그런 일을 겪고 살아남았다는 사실 자체가 약점이 되었고, 당국은 여성들까지 동원했다는 사실 자체를 치부로 여겼다. 전쟁을 겪고 살아남은 이들이 남성들만은 아니었는데도 많은 매체에서는 남성들만 그려진 이야기를 다루고, 남성들은 여성들이 등장할 때면 실제 전쟁에서 싸운 건 자신들이라며 전장 속 여성이 비현실적이라고 비판한다.

국가 단위의 전쟁에서 개인의 이야기는 지워지고, 수많은 사상자는 단순한 숫자로 카운팅된다. 이는 게임뿐 아니라 각종 매체에서도 쉽게 이루어지고 있는 일이다. 그러나 전쟁은 결국 삶을 살아가고 있는 누군가의 이야기이며, 그 누군가에는 수많은 여성들이 포함되어 있다. 그런데도 많은 매체에서 이런 여자들의 이야기는 지워졌고, 역사 속에 기록된 전쟁들은 단순히 어떤 이들의 무용담으로만 남았다.

영웅담:
나는 네 액세서리가 아냐

남성 주인공의 성취에 따른 '보상'이 되거나, 그의 어머니 혹은 아내가 되거나, 주인공을 각성시키기 위해 희생된 많은 여성 캐릭터들을 생각해보자. 옛날 게임에서 많은 여성 캐릭터들은 남성 캐릭터에게 동기나 보상을 제공해준다는 명목하에 제작되어 게임의 시작과 끝에만 비중 있게 등장할 뿐, 정작 게임 속에서 주된 활약을 펼치는 것은 남성들이었다. 여성이 주가 된 케이스가 없던 것은 아니지만, '미소녀 연애 시뮬레이션 게임'이나 '남성향 어드벤처 게임'에서처럼 여성의 성적 대상화가 상당수를 차지했다.

미디어 속 천편일률적인 여성 캐릭터들에 대해 점차 많은 사람들이 문제를 제기하기 시작했고, 업계는 좀 더 판을 키우고 여러 계층에게 어필할 수 있도록 다양한 여성 캐릭터를 만들어내기 시작했다. 리부트된 〈고스트 버스터즈〉에는 기존의 시리즈와 달리 여성 주인공 넷이 등장했으며, 넷플릭스는 〈오렌지 이즈 더 뉴 블랙〉, 〈글로우: 여인천하〉, 〈빨간 머리 앤〉 등 여성 캐릭터 중심의 드라마들을 제작했다.

미디어가 변화하면 게임도 그에 맞춰 천천히 변화한다. 2017년 E3^{매년 미국에서 열리는 세계 최대의 국제 게임 전시회}에 발표된 게임들에

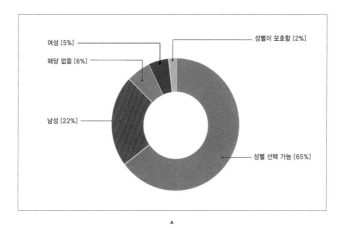

▲
비디오 게임 주인공 속 젠더
2019년 E3에서 공개된 모든 비디오 게임에서 여성 주인공은 여전히 적었지만(5%),
성별을 선택할 수 있는 주인공은 늘었다(65%).
자료: Feminist Frequncy.

선 게임 속 주인공들이 예전과 달리 남성으로 고정되지 않고 여성 혹은 남성을 선택할 수 있는 비율이 52%에 달했다. 그 비율은 점차 증가해 2019년도에는 65%에 이르렀다. 매해 E3에서 발표되는 신작 게임들 중 여성이 핵심 주인공인 게임의 비율이 10%도 채 되지 않음을 고려해보면, 여성 주인공 대신 성별을 선택할 수 있는 주인공의 비율만 증가하는 것은 게으른 시도가 아니냐는 비판 또한 존재한다. 하지만 신작을 발표하는 게임 트레일러에서 여성 캐릭터의 비중이 늘어났고, 자사 게임의 데모를 시연할 때도 성별을 고를 수 있는 게임인 경우 여성 캐릭터를 조작하는 모습을 보여주는 경향도 있었다.

이른바 사람다운 여성 캐릭터들은 적지만 꾸준히 존재해왔고, 그 수는 점차 늘어나는 추세다. 과거부터 지금까지 게임 속에서 자신만의 이야기를 가지고 활동하는 여성 캐릭터들을 소개해보려 한다.

——— ★ 에이프릴(더 롱기스트 저니, 1999)

에이프릴의 시작은 여타 (남성) 주인공과 크게 다르지 않다. 평범한 삶을 살던 소녀는 어느 날 밤 이상한 꿈을 꾸게 되고, 현실과 환상은 뒤섞이게 된다. 기이한 차원의 문을 통해 도착한 곳은 마법으로 가득 찬 세상이었고, 환상인 줄로만 알았던 사건들은 전부 다른 차원 속 현실이었다. 에이프릴은 두 세계에 혼란이 찾아올 것이라는 사실을 알게 되고, 주변 사람들은 이를 막는 게 에이프릴의 운명과 연관되어 있다고 말한다. 개인이 감당하기에는 너무나도 거대한 운명 앞에서 에이프릴은 처음에 낯설어하며 거부하기도 하고, 자신의 의사와 상관없이 주변에 휩쓸리기도 하지만, 몇 가지 사건을 거치고 나서는 그 운명을 온전히 자신의 것으로 받아들이고자 적극적으로 노력한다. 이 과정에서 에이프릴은 유쾌한 모습을 잃지 않으며, 엔딩에서 자신의 결말이 뜻밖의 사건으로 큰 변화가 생길 때도 덤덤히 받아들인다. 이는 언뜻 실패로 보일 수도 있는 이야기지만, 그렇기에 플레이어의 마음에 긴 여운을 남긴다.

에이프릴의 이야기는 흔히 말하는 평범한 남성 주인공의 영웅담과도 유사하게 보일 수 있지만, 여성 캐릭터의 시선으로 보기에 좀 더 섬세해진다. 동일한 사건이어도 이를 겪는 주인공이 여성으로 바뀌면 받아들여지는 감정선이 달라지는 것이다. 이런 거대한 운명에 관한 서사가 게임 속에서 여성에게 주어진 적이 얼마나 있었던가?

── ★ 셰퍼드(매스이펙트, 2007~2012)

〈드래곤 에이지〉 시리즈와 함께 바이오웨어사의 간판 타이틀인 SF 프랜차이즈 〈매스 이펙트〉 시리즈 또한 다양한 여성 캐릭터가 등장하는 것으로 유명하다. 초기 3부작에서는 주인공인 셰퍼드의 성별을 플레이어가 선택할 수 있다. 플레이어의 아바타이기도 한 이 캐릭터는 강한 군인이며, 선택에 따라 정의감이 넘치는 우주 경찰이 되기도 하고, 목적을 위해 사사로운 것들은 지나치고 때로는 상대방을 협박하기도 하는 터프한 영웅이 되기도 한다.

세 편의 시리즈를 거치는 동안 셰퍼드는 동료들이나 다른 외계인들과 만나는 경험을 통해 세계를 인식하며, 이 과정에서 플레이어들의 선택이 이야기의 주요 전개에 반영된다. 〈매스 이펙트〉 시리즈는 주인공 셰퍼드에게 몰입할 수 있는 다양한 계기들을 제공한다. 이런 셰퍼드의 이야기는 결국 우주를 구원하는 영웅의 서사로 발전하고, 플레이어에게 인상 깊은 기억을 남겨준다.

── ★ 엘레나 피셔(언차티드, 2007~)

남성이 주인공인 모험물에 등장하는, 열정에 차 있는 여성 보조자(이 게임에서는 프로듀서)라 하면 흔히 의욕만 넘치고 능력은 없어서 가는 곳마다 사건을 일으키고, 결국 주인 공에 의해 구출되는 히로인을 생각하기 쉽다. 주인공이 움 직일 수 있는 동기를 제공해야 하기 때문에 쉽고 게으른 선 택지를 고르는 것이다.

엘레나 피셔는 주인공인 네이선 드레이크와 동등한 능 력과 지위를 가지고 있다. 게임을 플레이하는 동안 엘레나 는 합리적이고 이성적으로 판단하며, 네이선에게 의지하 지 않고 주체적으로 움직인다. 여러 시리즈를 거쳐 네이선 과 결혼한 이후에도 엘레나는 자신의 커리어를 유지한다. 게임 플레이 도중 네이선이 엘레나를 의도적으로 놔두고 (위험하다는 이유로) 홀로 행동하다가 위기에 빠진 순간, 네 이선을 구하기 위해 멀리서 차를 몰고 나타난 엘레나의 모 습에서 통쾌함을 느낀 사람들도 있을 것이다.

—— ★ 라라 크로프트(툼 레이더, 리부트 후 2013〜)

라라는 리메이크 전과 후가 크게 달라졌다. 리부트 전 라라 크로프트가 섹스 심벌이었다면 리부트된 라라 크로 프트는 아마추어에서 한 명의 모험가로 성장한다. 게임 속 에서 라라가 겪는 고뇌와 고통, 아버지와의 갈등을 극복하 는 서사는 다른 게임에서 남자 캐릭터들이 거의 독점해왔던 서사와 다르지 않으며, 친구 샘을 구출하는 모습은 기존의 남성 주인공이 히로인을 구원하는 모습과도 유사해 보인다. 리부트된 첫 작품에서 라라는 미숙하고 때로는 괴로워했지만, 2015년에 출시된 〈라이즈 오브 더 툼 레이더〉에서는 모험에 익숙해지고, 아버지의 발자취를 따라가는 모습으로 점점 성장하며 캐릭터 자체의 생동감을 느끼게 한다.

─── ★ **아나**(오버워치, 2016)

영화 〈매드맥스〉를 본 사람들이라면 아나를 보자마자 기시감을 느꼈을 것이다. 매드맥스의 부발리니로부터 영향을 받아 만들어진 이 캐릭터는, 메이저 게임 회사에서 보기 힘든 나이의 캐릭터로서 등장 당시 국내 게이머들에게 상당한 충격을 안겼다.

물론 게임에서 나이 많은 여성 캐릭터가 등장한 것은 이번이 처음은 아니다. 격투 게임인 〈호혈사 일족〉에는 오타네 등 노인 캐릭터들이 등장했다. 그러나 틀니를 집어던지는 등 캐릭터의 나이 자체를 희화화하는 기술들이 많았으며, 기괴한 모습으로 묘사되곤 했다(이 캐릭터들이 회춘하는 기술 또한 존재했다!).

▲
⟨더 롱기스트 저니⟩의 에이프릴, ⟨매스 이펙트⟩의 셰퍼드, ⟨언차티드⟩의 엘레나 피셔,
⟨툼 레이더⟩의 라라 크로프트, ⟨오버워치⟩의 아나(위에서부터)
자료: 펀컴, 바이오웨어, 너티독, 크리스털 다이나믹스, 블리자드 엔터테인먼트.

그동안 게임 속에 등장하는 늙은 여성 캐릭터는 마녀 이상의 역을 맡을 수 없었고, 그마저도 비중이 커지면 희화화되기 일쑤였다. 아나는 오버워치의 부사령관을 맡고 있으며, 나이 때문에 커리어에 문제가 생기지도 않는다. 중년의 나이에도 외모는 동안이거나, 몇백 살을 먹었다지만 어딜 봐도 10~20대인 여성 캐릭터들이 범람하는 가운데 아나의 등장은 단비와 같았다. 여러 선순환이 이루어진 탓인지, 영화와 게임에서 나이 든 여성 베테랑의 등장은 이제 무척 자연스러운 일이 되었다.

앞서 언급한 캐릭터들을 종합해보면, 입체적인 여성 캐릭터를 만들기 위해 다음과 같은 몇 가지 조건이 필요하다는 사실을 알 수 있다.

- 캐릭터가 반드시 아름다워야 할 필요는 없다.
- 장점만큼 단점도 존재하며, 각 장단점 사이에는 합당한 이유가 있어야 한다.
- 스토리 내에 그 캐릭터만의 서사를 부여하고 그것을 지속적으로 보여줘야 한다.
- 캐릭터의 동기나 욕망을 드러낸다. 도덕적이지 못한 것이어도 상관없다.

거창하게 풀어썼지만 이런 조건들은 대단한 이야기가 아니다. 인기 있는 남성 캐릭터 하나를 마음속으로 생각해

보고 앞의 요소를 하나하나 대입해보면 아마 큰 무리 없이 이 조건들이 충족되어 있을 것이다.

이미 해외의 많은 게임 회사들은 다양한 타입의 여성 캐릭터들을 하나둘 만들어내기 시작했다. 여성 캐릭터들이 도구의 역할을 벗어나고, 여성들이 게임 속 여성 캐릭터들에 대해 불편함을 느끼지 않을 때 많은 여성이 그 게임을 즐긴다는 사실은 〈드래곤 에이지: 인퀴지션〉이나 〈어쌔신 크리드: 신디게이트〉 등으로 이미 입증된 바가 있다.

여성 게이머들은 늘 더 나은 여성 캐릭터들이 나오는 게임에 목말라 있다. 페미니즘적으로, 젠더적으로 흠잡을 데 없는 완벽한 여성 캐릭터를 원하는 것이 아니다. 우리는 고뇌하고, 실수하고, 성장하고, 나이 든 이후에도 삶이 지워지지 않는 여성 캐릭터들을 원한다. 2020년대에 이르기까지 많은 미디어에서 여성은 누군가의 어머니나 누구의 애인처럼 대상화된 존재로 남아 있어왔다. 그래서 여성들은 소수의 여성 캐릭터들 안에서 어떻게든 그 캐릭터들의 의의를 찾으려 애쓰거나, 있으나 마나 한 여성 캐릭터들을 아예 배제한 채로 이야기를 즐겨왔다.

완벽하지 않은 여성 캐릭터라도 괜찮다. 우리는 좀 더 많고 다양한 이야기를 원한다.

익명 커뮤니티:
사상 검증은 어떻게 이루어지는가

SNS에서 국내외를 막론하고 여성 인권과 여성 살해 이슈에 대해 공감을 하고, 해당 글에 '좋아요', '리포스트', '리트윗' 버튼을 한 번이라도 눌러본 적 있는가? 당신이 남자라면 뒤에서 몇 마디 말이 오갈지언정 그냥 넘어갈 것이고, 게임 업계에 종사하는 여성이라면 자신도 모르는 사이 누군가의 리스트에 등록될 것이다.

그것은 언젠가 당신의 발목을 잡아 계약 중인 일에 대해 불이익을 줄 수도 있고, 최악의 경우 직장을 잃게 만들지도 모른다. 어느 날 직장 대표가 찾아와 해당 단체를 왜 리트윗 했는지, 평소 페미니즘에 대해 어떤 의견이 있는지 물어

볼 수도 있다(1세대 게임 개발자로 유명했던 IMC 게임즈의 김학규 대표는 자사 직원이 한국여성민우회를 팔로우하고 있었다는 이유로 왜 팔로우했는지 면담한 뒤 사과문을 올리라고 지시했다). 어떤 사건 이후로 이상하게 일감이 뚝 떨어졌다는 기분이 들 수도 있다.

정말로 '좋아요'나 '리트윗' 한 번으로 눈 밖에 난 것이 맞긴 한 건지, 뭔가 반사회적인 행동을 해서 그 지경이 된 건 아닌지 추측하는 사람들을 위해 이들이 처음 SNS에 표명한 것을 다음과 같이 간추려보았다.

- "GIRLS Do Not Need A PRINCE(왕자는 필요 없다)"는 문구가 기재된 티셔츠 착용(2016년)
- "여성과 남성에게 동일한 법적 처벌 기준을 적용하라"는 여성단체의 항의서 공유(2018년)
- "여성 살해를 중단하라"는 프랑스 시위대 동영상에 대한 리트윗(2020년)

정독하면 할수록 '이게 뭐가 어때서?' 싶은 문구들이다. '메갈리안'이 등장하고 위기감을 느낀 남성들은 앞서 언급한 문구와 비슷한 의견을 제시하는 사람들을 한데 모아 '메갈리안'으로 낙인찍었다. 실제 사이트가 존재하는지 아닌지는 더 이상 중요하지 않았다. 2000년대 초반에는 자신들의 뜻대로 움직이지 않는 여성들을 '된장녀'라고 불렀다면, 이제 된장녀를 메갈리안으로 바꿔 불렀을 뿐이다. 2000년대와의 차이점이라면 인터넷에서 여성들의 저항이 전에 없이 거세졌다는 것이다.

──★ 익명 뒤에 숨은 가해자들

처음에 가해자들은 페미니즘에 대해 자신의 의견을 직접적으로 표명하는 사람들을 쫓아다니며 괴롭혔고, 모든 여성 혐오 플로우가 그러하듯 그 대상은 점차 확대되었다. 상대방의 인터넷 족적을 찾기 쉬운 게임 업계에서 이런 현상이 특히 심했는데, 여성 인권 관련 사안에 공감을 표시한 일러스트레이터를 팔로우하고 있거나, 단순히 페미니스트와 교류했다는 증거가 있거나, 페미니스트 일러스트레이터의 행보에 동의했다는 다른 사람의 트윗에 마음을 찍었다는 이유로 가해자들의 리스트에 등재되기 시작했다. '페미니스트 색출하기'는 스포츠가 되었고, 가해자들은 익명의 가면을 쓴 채 누군가를 집요하게 괴롭히고 해명을 요구하기 시작했다.

익명 사이트에 "○○ 일러스트레이터 의심되는데 명단에 올려도 됨?" 같은 글이 올라오고, 몇몇이 "ㅇㅋ동의",

"평소 행실이 맘에 안 들었음" 같은 댓글을 달면 그 글은 아무 권위가 없는데도 일종의 힘을 얻게 된다. 그때부터 '나무위키' 등에 있는 '페미니스트' 리스트에 해당 인물이 등재되면 그 공신력 없는 리스트에 이름이 존재한다는 이유만으로 해당 자료는 집단 내 '신빙성 있는 자료'로 탈바꿈하며, 순환 참조의 굴레가 형성된다. 예를 들어 이런 식이다.

1. A가 해당 이슈에 대해 논쟁할 때 근거 있는 자료를 가져오라고 제시하면 B는 '나무위키'에서 자료를 가져온다.
2. 이를 본 A가 근거의 기반이 되는 자료는 익명 사이트의 글이라고 반박한다.
3. B는 다른 위키에 있는 자료를 가져온다(이마저도 출처는 나무위키)
4. (반복)

라벨링 과정에서 소수의 몇몇 이용자가 "근데 ○○은 실제로 관련된 얘기한 적 없는데 괜찮음?" 같은 소리를 하면 "○○와 □□는 친구이고 실제로도 자주 만나는데 걔들 의견이 다를 리가 있겠냐 지금도 가만 있는 거 봐라 쟤도 한 패다" 같은 식으로 묶어 넣는다.

회사 계정도 아닌 개인 SNS를 사찰해 몇 개월 전, 혹은 몇 년 전 글감까지 샅샅이 뒤져 실제 거주지가 어디인지, 주변 인간관계는 어떤지 뒷조사한 뒤 직장에 연락하는 부류들도 생겨났다. 일러스트에 어떠한 사상적인 메시지가 포함되지 않았고, 공적인 채널에서 해당 발언을 하지 않았더라도 말이다. 일러스트레이터가 자신들을 기만했다고 생각되면 방법을 가리지 않고 색출해낸 뒤, 그 일러스트레이터에게 영향력을 미치는 행위에 성취감을 느낀다. 이런 행동의 기반에는 자신들이 하는 일이 범죄가 아닌 정의 구현이라는 생각이 깔려 있다.

익명 사이트의 결집력은 이런 부류의 악의를 한데 뭉치기엔 효과적이지만, 뒤따르는 책임을 나눠 갖기에는 '익명'이라는 이름의 무게가 너무나도 솜털 같다. 그들은 익명의 동지들과 함께 리스트를 만들고 상대방을 집요하게 괴롭히다가, 한 명이 고소를 당하고 사과문을 올리게 되면 동지애를 발휘하기보다는 "각도기를 잘못 쟀다"(이른바 '고소 각'이 나오지 않도록 잘 돌려서 괴롭혀야 된다는 소리다)며 발을 뺀다. "선 넘더니 저럴 줄 알았다"며 고소당한 상대방을 조롱하는 것은 덤이다. 익명의 틀 안에서 범죄를 저지르도록 부추겼지만, 자신은 죄가 없다는 식이다.

──★ 한통속인 업계

국내 게임 회사들의 행보 또한 인터넷 익명 사이트의 주류 의견과 크게 다르지 않았다. 왜 그럴까? 먼저 국내 게임 업계의 구조에 대해 생각해봐야 한다. 게임 개발에 흥미가 있는 사람들의 상당수가 인터넷 서브컬처 문화에 익숙한 상태이며, 개발 과정에서 사람들의 이슈를 수집하고 분석해야 하기 때문에 게임 회사의 많은 구성원들이 이미 인터넷 문화에 친밀한 상태다. 한국의 많은 인터넷 서브컬처 문화는 유동 인구가 많은 곳에서 나타난다. 대한민국에서 유동 인구가 가장 많은 커뮤니티 사이트는 말할 것도 없이 익명 사이트다. 개발자도 익명 사이트에 다니고, 운영자도 익명 사이트에 다닌다. 당연하게도, 익명 사이트를 오래 하던 유저가 개발자가 되기도 한다.

이런 곳은 목소리 큰 몇몇 유저가 여론을 만들어내기 쉽다. 익명 사이트를 하지 않는 사람들의 의견을 듣기보다는 자신들끼리 밀어주고 끌어주며 "다수의 의견이 우리와 같다"고 퉁 치며 넘어갈 수 있는 환경이 조성된다. 'ㅇㅇ'이라는 이름(익명 사이트에서는 '친목질'을 방지한다는 등의 명목 아래 기본 닉네임도 드러나지 않도록 닉네임 자체를 'ㅇㅇ'으로 쓰기도 한다)으로 가득 찬 게시물 숫자를 보면 천군만마를 얻은 듯한 기분이 들기 때문일 것이다. 실제로는 몇 명의 인원인지 파악할 수 없음에도 불구하고.

인권 단체나 정치 단체에서 보편적인 도덕이나 인권 감수성을 들어 해당 사건에 대해 비판하고 업계에 자정을 요청하더라도, '게임 외부의 세력'이 게임 문화에 대해 잘 알지도 못하면서 표를 얻기 위해 만만한 게임을 두드려 팬다고 생각한다. 이들은 '우리의 게임'에 검열의 잣대를 들이밀지 말라며 자신들의 요람이 침범이라도 당한 양 강한 거부감을 드러낼 뿐, 자신들 내부의 문화에서 무엇이 문제인지 성찰하려는 시도조차 하지 않는다.

업계의 문화를 개선하려 한 사람이 없었던 것은 아니다. 하지만 인터넷에서 반지성주의가 득세하면서 진지한 성찰을 하는 시도에 대해 "쓸데없이 진지충들이 나선다"며 거부감을 보이는 의견이 대세를 이루기 때문에 금방 묻혀버리고 만다.

2019년에 익명 사이트를 중심으로 당시 새로 나온 게임에 페미니스트 일러스트레이터가 참가했다는 이야기가 나왔을 때, 해당 일러스트레이터의 '죄목'은 3년 전 김자연 성우의 발언에 동의한다는 트윗을 한 것뿐이다. 결국 그의 일러스트는 교체되었고, 그 과정에서 개발사가 "사회적으로 논란의 여지가 있는 작가들의 리스트를 찾아, 그 작가들을 제외하고 섭외한다"고 공지한 대목이 문제가 되었다. 게임 업계에 암암리에 존재한다는 '블랙리스트'가 정말 실존하는 게 아닌가 하는 이야기가 나오게 된 것이다. 여러 언론사들의 취재 결과, 2016년 당시 해당 발언에 동의를 표시했던 일러스트레이터들은 실제로 한국에서 일감을 받지 못했다는 사실이 밝혀졌다. 개발사는 부인했지만, 이런 흐름이 어느 정도 조직화되어 있으며 해당 이슈에 관한 비공식 리스트가 존재한다는 확신만 커져갔다.[1]

이런 논란이 생기고부터는 각종 사회단체가 이 이슈에 집중하면서, 규모가 있고 경험이 있는 게임 회사는 절대로 '반페미니즘 사상'에 입각해 해당 작업자와 계약을 해지한다고 말하지 않는다. 그들은 자신들이 어떠한 정치적 입장이나 사상적 입장에도 치우치지 않았다고 강조하며, 피해자가 어떤 사유로 떠나게 되었는지는 '내부 사정'으로 포장한다. 자신들의 행위가 노동법을 무시하는 정치적인 행위라는 사실을 알기에 책임을 피하려고 '페미니즘과 무관한 사건'이라 덧붙일 뿐이다.

개발사의 의미 없는 말들이 허공을 맴돌고 있을 때, 가해자들은 여전히 누군가의 작업물과 SNS를 사찰하고 개발사에게 의혹을 제기하며, 그들에게 인정받고 싶어 하는 중소 게임 회사는 눈치를 보며 일러스트레이터를 해고하고 있다. 그들은 "우리는 남성 유저들의 편이지 페미니즘 같은 불온사상에 동조하지 않는다"며 자신의 진정성을 알아달라고 익명 사이트에 글을 올리고 있을 것이다.

──── ★ 나아질 가능성은 없을까?

페미니스트 일러스트레이터를 반복적으로 쫓아다니며 괴롭히던 유저들은 자신들의 전략이 여기저기 먹히자 해외에도 통할 것이라 생각한 듯하다. 외국의 게임 성우가 《82년생 김지영》을 읽었다고 인스타그램에 인증한 것을 보고 해당 성우를 자르라는 요청을 한 것이다. 당연한 얘기지만 통하지 않았고, 그들은 평소처럼 "유저를 개돼지 취급했다"며 격분하는 대신 해당 성우의 음성을 음소거한 채 계속 게임을 플레이하는 방식을 택했다. 자신이 영향을 끼칠 수 없을 것 같다고 판단하는 순간, 지속적으로 항의나 투쟁을 하는 대신 타협하고 게임을 하는 것이다.

같은 게임 카테고리에 속하지만 TRPG 업계도 분위기가 사뭇 다르다. 2016년 김자연 성우의 티셔츠 펀딩 사건이 발생했을 때, 출판사 '초여명'과 '구르는 사람들'도 이 이슈에 한데 묶여 해명을 요구받았다. 출판사가 페미니즘 이슈에 자신들의 입맛대로 반응하지 않자 가해자들은 환불 요청을 했고, 해당 출판사 직원 중 여성으로 지목되는 사람에 대한 괴롭힘을 이어갔다. 그리고 '너희들이 괘씸하니 내가 그동안 산 책을 찢고 태우겠다'는 '분서인증'까지 휩쓸고 지나갔다. 출판사에게 결코 쉽지만은 않았을 사건이지만, 해고도 발언 철회도 이루어지지 않자 가해자들의 요구는 곧 잠잠해졌다. 출판 업계가 자신들의 입맛대로 반응하지 않자 가해자들도 관심을 잃고, 불매운동을 벌이는 대신 묵묵하게 게임하기를 택한 것이다.

이후 도서출판 초여명은 《밤의 마녀들》 출간을 위한 펀딩을 진행했고, 펀딩 금액이 일정 금액을 넘어서자 《밤의 마녀들》 인용구 음성 파일을 공개했다. 티셔츠 사건으로 계약이 해지된 김자연 성우가 녹음에 참여한 것으로 자신들의 입장을 분명하게 표명한 것이다. 흥미롭게도 그때까지 남초 취미로 인정받던 TRPG를, 이 사건을 기점으로 여초 취미로 취급하는 게이머들이 하나둘 등장했다. 한국에 TRPG 장르가 들어서고 약 25년에 가까운 시간이 흐르는 동안 여성들이 즐기는 TRPG는 진정한 TRPG가 아니라는 소리가 무수히 많았음에도 말이다. 물론 업계의 파이가 줄어들거나 축소되지도 않았다.

그렇다. 애초부터 사상을 이유로 누군가를 불합리하게

해고하는 선례를 만들면 안 됐다. 가해자들은 일러스트레이터가 '페미니즘'과 손톱만큼이라도 관련이 있을 것 같다고 의심하는 순간, 해당 일러스트를 자신들의 게임에서 빼달라는 요청을 쏟아냈고, 한국의 많은 개발사는 그것들을 수용해왔다. 그러나 그들은 중요한 사실을 간과했다. 업계에서 그들의 비위를 맞춰주기 위해 아무리 노력하고 (문자 그대로) 절을 한들, 백 가지 요구 중 단 한 가지 요구라도 들어주지 않으면 "페미니즘에 굴복하고 유저를 호구 취급하는 제작사"가 되며 순식간에 배신자로 취급당한다는 것을. 커뮤니티에서는 이런 행위를 '손절한다'고 표현하는데, 그때까지 유저들에게 입안의 혀처럼 굴었던 회사였어도 해당 회사의 이름이 나오는 순간 "페미회사 페미게임 안 사요"라는 댓글이 몇 년이 지나도 달린다. 이들은 다른 이들의 구매를 적극적으로 방해하는 '악성 소비자'로 변한다. 이 단계가 되면 개발사는 이미 일러스트레이터 해고 등으로 '여성 혐오 게임 개발사'라는 타이틀을 먼저 얻은 상태라 더 갈 곳조차 없게 된다.

'우리' 게이머 비위를 거스르고 '불온한 사상'에 동조한 페미니스트 일러스트레이터를 색출해 해고되도록 만든 것이 '사이다 서사'로 인터넷에 회자되면서, 너도 나도 페미니스트와 싸운 영웅담의 주인공이 되고자 다른 선례를 만들었고, 그것들을 토대로 많은 사상 검증 사건들은 '일어나도 되는' 행위가 되었다. 일러스트레이터 대부분은 정규직이 아닌 프리랜서로서 계약직이기에 계약 해지로 일자리를 잃기 쉬웠고, 이런 고용관계의 불안정성을 노리고 여성 일러스트레이터만을 집요하게 공격하는 이들이 존재했다. 페미니스트라는 의심이 가는 사람에게는 여성 인권에 반대한다는 성명문을 올리면 너만은 용서해주겠다는 소리를 하고, SNS에 어떤 발언을 하지 않았더라도 팔로우 목록에 '친페미니즘 사상'을 가진 사람이 있으면 해명문을 요구했다. 이 과정에서 그들의 행위는 응당 그래도 될 법한 행위로 포장되며, 그 위에 인권과 사상의 자유는 존재하지 않는다.

점점 커져나가는 페미니즘 운동의 흐름 속에서 '사상 검증'에 대한 비판이 하나둘 나오기 시작하자, 이들은 자금력 있는 페미니스트가 정치권까지 잡아먹었고, 정치권은 이들의 눈치를 보느라 자신들의 행동을 비난한다고 주장한다. 그들은 마치 게임 속 마왕에 맞서 싸우는 용사라도 된 것처럼 자신들은 권리를 빼앗긴 순수한 피해자이며 끝까지 자신의 게임판을 지킬 것이라고 다짐한다. 그들은 언제라도 발을 뺄 수 있는 익명이고, 피해 받는 대다수는 신원이 노출된 사람임에도 불구하고 말이다.

　처음 사상 검증 관련 사건이 터질 때만 해도 많은 사람들은 이 싸움이 금방 소강될 것이라 생각했다. 그러나 예상과는 달리 시간이 지날수록 이런 사례는 오히려 늘어났으며, 일자리를 잃은 사람들은 조용히 사라졌다. 생존과 관계된 문제에서 누군지도 모르는 사람과 지속적으로 싸우는 것은 엄청난 소모전이며, 이름을 드러낸 이가 불리할 수밖에 없기 때문에 피해자는 싸우는 대신 침묵을 택한다. 이 흐름은 앞서 일어난 미국의 '게이머게이트' 사건과 놀라우리만치 유사하다. 시간이 지나면서 미국에서는 한때 인터넷 극우 선동 무리들이 그런 일을 벌였고, 명백히 가해자들의 잘못이라는 식으로 정리가 되어가고 있지만, 한국의 게임 업계에서 사상 검증 행위가 언제쯤 그런 식으로 정리될지는 미지수이다.

　이처럼 페미니즘 운동에 대한 백래시는 게임 업계에서 특히 격렬하게 이루어지고 있다. 가해자들은 자신이 당연히 누려야 할 것을 빼앗았다고 생각되는 사람들에게 적의를 불태우고 증오를 계속 쌓아올려 갈 것이다. 그 폭탄이 또 어느 쪽으로 터지게 될지 알 수 없다.

게이머게이트 사건

게임 개발자 조이 퀸이 우울증을 소재로 만든 게임 <디프레션 퀘스트>는 독특한 시선과 전개 방식으로 다수의 비평가들에게 찬사를 받았다. 기존의 게이머들은 자신이 알던 게임과 다른 형태의 게임이 과도한 관심을 받자 평론가의 평가를 이해하지 못했고, 조이 퀸을 괴롭히기 시작했다.

이후 조이 퀸의 전 애인 에런 조니는 조이 퀸이 좋은 평가를 얻기 위해 기자들과 성적인 관계를 맺었다는 허위 사실을 익명 커뮤니티 여러 곳에 유포했다. 이 스캔들에 대해 게이머들은 온라인 커뮤니티 '4chan'과 '레딧'을 중심으로 게임 저널리즘이 개발자(특히 여성)들과 유착해 공정성을 잃었다는 '게이머게이트' 운동을 시작했다.

조이 퀸의 신상은 인터넷상에 무차별적으로 유포되었고, 온갖 사진이 합성되었으며, 강간과 살해 협박을 받았다. 그 과정에서 섹스 스캔들이 허위로 밝혀졌고, 게임 저널리즘과 조이 퀸이 유착하지 않았다는 사실을 입증하는 증거도 여럿 드러났지만, 가해자들은 사실을 무시한 채 괴롭힘을 지속했다. 이런 흐름을 비판하며 조이 퀸에게 동조하는 다수의 여성 개발자와 평론가가 나섰지만, 이들 또한 신상 유포와 살해 협박의 대상이 되었고, 괴롭힘은 범죄 수준으로 치달았다. 게이머게이트 사건은 FBI의 수사 결과 여성 혐오로 인한 범죄 사건으로 결론지어졌다.

방해 말고 꺼져!:
게이머라는 특권 의식

2018년 6월 6일, 서울국제여성영화제에서는 〈방해 말고 꺼져!: 게임과 여성(Get The F&#% Out)〉(이하 GTFO)이라는 다큐멘터리가 상영되었다. 2015년도에 제작된 GTFO가 국내에서 상영되는 것이 이번이 처음은 아니다. 2017년 서울국제영화제에서 한 번, 그리고 2017년 펙타(FeGTA)에서 한 번, 그 외에도 여성 영화와 관련된 행사에서 몇 번 상영된 적이 있다. 무엇이 GTFO가 한국에서 계속 상영되도록 하고 사람들도 끊임없이 관람하게 만드는가?

─── ★ 끊이지 않는 게임계의 여성 혐오

2016년 한국에서는 "GIRLS Do Not Need A PRINCE(왕자는 필요 없다)"라는 문구가 새겨진 티셔츠 한 장으로 게임 성우가 계약 해지를 당하는 사건이 발생했다. 그리고 지금도 게임계의 여성 혐오 사건은 끊이지 않고 있다. GTFO는 이런 현상을 한발 먼저 겪었고, 지금까지 겪고 있는 외국의 게임 업계와 유저들의 이야기이다. 총 다섯 개의 챕터로 이루어진 GTFO는 게임 마케팅 속에서 여성성은 어떻게 그려지는지, 게임 속에서 여성이 어떻게 묘사되는지, 여성 게이머는 어떤 존재로 대해지는지 등을 이야기한다.

어릴 때는 여성 게이머가 흔하지만 성인으로 갈수록 여성 게이머의 비율은 점점 줄어든다. 다큐멘터리에 등장하는 여성들은 이런 현상에 대해 "판에서 버텼다"고 표현한다. 그들은 다른 여성들에게 쉽게 게임을 추천하면서 같이 하자고 말할 수 없다. 게임하면서 마이크를 켰다는 이유만으로 상당히 공격적이고 무례한 메시지들을 받을 수 있기 때문이다.

이런 현상은 남성들만 있을 때는 당연하게도 드러나지 않는다. 그래서 여성 유저들이 피해 사실을 토로할 때 몇몇 남성 유저들은 자신들이 경험해본 적 없다는 이유로 그 일이 진짜인지 의아해한다. 심지어는 여성 유저들이 관심을 얻기 위해 조작한 일이 아니냐고 묻는다.

여성 게임 개발자의 사정은 어떠한가? 〈드래곤 에이지 2〉의 메인 작가 중 한 명인 제니퍼 헤플러는 게임이 전작과 다른 분위기로 출시되자 여성이라는 이유로 유저들에게 괴롭힘을 당한다. 5년 전 초보 작가 시절에 했던 인터뷰(워킹맘인 동시에 게이머일 때, 도저히 게임할 시간이 없어서 가끔은 전투가 스킵되었으면 좋겠다고 한 내용, 게임 엔딩을 보기 위해 수십 시간을 투자하기엔 때로는 버겁다는 내용)가 다른 유저들에 의해 발굴되고, 그로 인해 끊임없이 욕설에 시달렸다.

"네가 전작을 모독했고 게이 로맨스를 끼워 넣었기 때문에 시리즈 자체를 망쳤다"(이전 시리즈에도 동성 연애 가능 옵션은 존재했다)는 내용부터 "자식을 납치하겠다"는 협박성 댓글까지, 다큐멘터리 속에서 제니퍼 헤플러는 자신이 받은 악성 댓글들을 무덤덤하게 읽으며 아직도 그때 일을 언급하면서 괴롭히는 사람들이 있다고 말한다. 거대 게임 회사가 게임을 만들 때는 수많은 작가가 투입되며, 작가 한 명이 시리즈의 방향 전체를 결정하는 게 아닌데도! 그들은 그저 만만하게 욕할 상대가 필요했던 것이다.

이 사건이 밝혀지고 제니퍼를 괴롭힌 유저들은 게임 업

계 내외부에서 많은 비판을 받았다. 그렇다면 이런 비판에 힘입어 현재의 게이머들은 이제 좀 성숙해졌을까? 아쉽게도 〈매스 이펙트: 안드로메다〉가 발매되었을 때 일어난 사건을 보면 꼭 그렇지만은 않은 듯하다(213쪽 참조).

——★ 웃기는 특권 의식

다큐멘터리는 말한다. "게이머들은 자신이 게이머라는 사실에 대해 일종의 특권 의식이 있다." 사람들은 밖에 나가 영화를 감상할 때 스스로를 특정한 호칭으로 부르지 않는다. 그런데 게이머들은 자신이 게이머임을 드러내는 데 어떤 자신감마저 보여준다고. 그 특권 의식의 기반은 남성 전용 클럽의 문화에서 기인한다. 자신들이 허용하는 여성(보통 자신에게 고분고분하거나, 자신보다 실력이 낮거나, 자신을 추켜올려주는 타입)이 아니면 자신의 '씬'에 들어와서는 안 된다고 생각하며, 그 외 의견은 자신을 공격하는 적대행위로 받아들인다.

그런 '씬'에 들어와 즐기려는 여성에게는 두 가지 선택지만 있다. 이 정도 차별쯤은 늘상 있는 일이니 괜찮다고 여기고 별일 아닌 것으로 넘겨버리거나, 공론화하고 일을 크게 만들거나. 그러나 후자의 경우, 자칫하면 게임을 영영 즐길 수 없게 되고 그 판을 떠나야 한다. 그렇기 때문에 그 안에서 게임하는 여성이 되기 위해서는 자신이 겪은 일들을 별것 아닌 일로 치부하고 넘어가야 한다. 일종의 자기보호이자 검열인 셈이다.

필름 속 많은 여성 게이머들은 자신들을 피아노 잘 치는 원숭이처럼 취급하지 않고 그저 다른 이들처럼 평범한 게이머로 취급해주기를 바란다고 말한다. 그러나 이 별것도 아닌 발언마저 남성 게이머가 자신에 대한 공격으로 받아들이는 세상에서 아직 갈 길은 멀다. 흥미롭게도 이 영화는 평론가의 높은 평가와는 달리 유저 리뷰 스코어가 매우 낮은데, 특히 1점대에 점수가 몰려 있다. 마치 누군가가 공격이라도 한 것처럼.

──★ 당신이 혼자가 아니라고 말하기 위해

GTFO의 상영이 끝난 뒤, 서울국제여성영화제에서 제공한 동시통역과 함께 페미니스트 미디어 비평가 아니타 사키시안(Anita Sarkeesian)의 강연이 이어졌다. 그는 강연 서두에서 다음과 같이 말했다.

제가 유명해진 이유는 페미니스트이기 때문도 아니고, 킥스타터(크라우드 펀딩 서비스)를 진행해서도 아닙니다. 5년 동안 해왔던 '페미니스트 프리퀀시'(게임을 포함한 미디어 전반에 대해 페미니즘 관점에서 비평하는 웹사이트) 활동 때문도 아니고요. 제가 유명해진 진짜 이유는 게임 캐릭터를 비평하는 리뷰를 하고, 게이머게이트 사건에 연루되고, 그 과정에서 이루어진 수없이 많은 괴롭힘의 당사자였기 때문입니다.

아니타 사키시안은 온라인의 괴롭힘도, 밖에서 사람들이 알아보거나 공격할까 봐 조심하는 것도, 자신도 모르는 사이에 스스로를 검열하게 될까 봐 걱정하는 것도 신물이 난다고 했다. 그럼에도 자신이 수많은 곳에서 이에 대해 이야기하는 것은 같은 일들을 겪는 다른 피해자들이 계속해서 생기고 있기 때문이라며, 앞으로도 자신이 입은 피해와 그 이유에 대해 끊임없이 말하고 다닐 것이라고 했다.

그는 처음 펀딩(킥스타터)을 시작했을 때까지만 해도, 기존의 페미니즘 이론이 상아탑 안에만 갇혀 있고 지식인들 사이에서만 공유되는 현상에 염증을 느꼈다. 어려운 내용을 배제하고 누구나 쉽게 이해할 수 있는 내용으로 많은 사람들과 페미니즘 인식을 공유하려 했고, 사람들이 쉽게 접할 수 있는 매체들 중에서 게임을 골랐다. 펀딩 사이트에 도발적인 문구를 올린 것도 아니었다. 단순히 게임 속 여성 캐릭터를 페미니즘적 시각으로 보기 위한 펀딩이라고 소개글을 올렸고, 관심 있는 사람들에게 펀딩 참여를 제안했다. 그러나 자신의 영역을 침범당한다고 생각했던 남성 게이머들이 반응하기 시작했다. 아니타에게 악성 댓글을 달았고, 그의 신상을 유포하며 협박하기 시작했다.

기존의 게임 마케팅 대상은 18~35세 백인 남성들이었고, 그들 또한 이러한 사실을 자연스럽게 받아들이며 자라왔다. 그렇게 게임은 그들만의 문화가 되었다. 단지 여성 캐릭터들을 조금만 더 실제 사람처럼 다뤄달라는 말을 했을 뿐인데, 그들은 아니타가 자신들의 게임을 빼앗기 위해 나타난 존재인 듯 대하기 시작했다. 이런 괴롭힘이 일종의 유행이 되면 어떤 사람들은 그 사람이 싫어서가 아니라 단지 신기함을 느껴서, 별다른 생각 없이 단순한 재미를 위해 온라인상에서 사람들을 괴롭히기 시작한다. 누구나 즐기는 '스포츠'가 되어버리기 때문에 괴롭힘은 놀이 문화 중 하나로 변하며, 그사이 개개인의 죄책감은 희석된다.

가해자들이 한 행동은 단순히 '발언'에 그치지 않는다. 피해자들은 자신의 공간에서 안전하게 존재할 권리를 파괴당하고, 인간적 존엄성을 침범당한다. 강도 높은 협박들을 계속 겪다 보면 직접적으로 피해를 겪지 않았어도 정신적 상처가 누적되어 트라우마가 생기고, 이것들은 스트레

스가 되어 결과적으로 물리적 질병들에 노출될 가능성이
올라간다. 아니타 사키시안은 그들의 영향을 받지 않은 것
처럼 보이려고 상처받지 않은 듯이 행동했지만, 실제로는
그렇지 않았다고 말했다.

〈방해말고 꺼져!〉 속에 나왔던 아니타 사키시안이 당한 수많은 협박들
자료: 섀넌 선히긴슨.

── ★ 게임은 게임이기만 할 수 없다

이런 현상은 기득권이라고 할 수 있는 기독교인 이성애자 백인들의 범죄적 우월주의에서 비롯된다. 많은 이성애자 백인 남성들은 '표현의 자유'라는 말로 자신들의 혐오 발언을 정당화하며, 그것에 대해 지적받을 때 자신들이 억압받는다고 생각한다. 아니타 사키시안은 미국에서 게이머게이트 사건은 트럼프와 그를 지지하는 세력들과도 연결되어 있다고 주장했다. 그들은 트랜스젠더 혐오, 여성 혐오, 유대인 혐오 등 각종 혐오를 이용했는데, 게이머게이트 사건을 적극 활용해 보수적인 남성 게이머 계층을 결집시켰고, 이들의 활동은 온라인상에서 공화당이 지지를 얻는 데 큰 기여를 했다는 것이다.

'팩추얼 페미니즘(factual feminism)'을 내세우는 크리스티나 호프 서머스는 게이머게이트를 적극 옹호했고, 스스로를 피해자라고 생각하는 백인들을 포용했다. 서머스는 대안우파 학자로 현재의 페미니즘 운동이 여성우월주의 운동으로서 남성을 악마화한다고 주장한 바 있다. (다른 주장으로는 성 평등이 이미 이루어졌고, 젠더 임금 격차는 미신이며, 페미니즘 진영에서 많은 통계를 조작해 여성을 피해자 위치로 놓고 있다는 것 등이 있으며, 그의 이론은 안티페미니즘 진영에서 주로 긍정적으로 인용된다.)

이런 흐름은 가해자들의 '표현의 자유'와 같은 궤변에 힘을 실어주어 온라인상에서 게이머들이 혐오 표현을 마음껏 게시할 수 있도록 도와주었다. 결과적으로 혐오 발언들은 온라인에만 머물지 않고 여성 개발자들에 대한 살해 협박 행위로 이어졌고, 주소를 알아내 위협하는 사진을 찍은 뒤 인터넷에 올리는 행위까지 나타나는 등 실제 세계로 넘어갔다.

아니타는 이런 흐름에서 게임 속 문화는 더 이상 게임 안에서만 나타나는 문화가 아니며, 게임의 문화는 결국 사회의 문화를 대변하고 사회가 여성을 어떻게 보는지를 대변한다고 강조했다. 국가나 게임 회사 등 여러 기관들이 이러한 문제를 제대로 해결할 공적인 해법을 내지 않는 한 사람들이 직접 연대할 수밖에 없으며, 자신들을 지지해주는 사람을 찾고 서로를 이해하며 여러 억압에 맞서 함께 목소리를 내야 한다고 말한다.

게임이나 온라인상에서 괴롭힘으로 피해를 입으면 많은 사람들이 여러 이유로 쉽게 넘어가고 싶다는 마음을 품게 되며, 일이 복잡해진다는 생각에 침묵을 지키려 한다. 하지만 이는 도움이 되지 않는다. 아니타는 한 사람이 용기를 내서 발언하면 그 발언을 깎아내리는 사람들이 나타나겠지만, 함께 연대하고 한데 모여 자신들의 피해를 하나둘 털어놓고 서로 지지해준다면 서로 힘이 되어줄 수 있다고 강조한다.

자신이 경험한 피해를 다시금 떠올리는 것은 고통스러운 과정이 될 수밖에 없다. 그런데도 아니타 사키시안은 여러 곳을 돌아다니며 자신이 겪은 일을 말하고 강조한다. 당신 혼자만 겪은 일이 아니라고, 누구나 겪을 수 있는 일이라고, 그건 옳지 못한 일이라고. 어수선하고 매일 사건이 끊이지 않는 한국 게임 업계에서 그의 강연은 누군가에게는 힘이 되고, 누군가에게는 위로가 되었을 것이다.

아니타와 같은 많은 사람들이 오늘도 자신의 의견을 내고 때로는 고립되어가며 싸우고 있다. 긴 싸움 속에서 버티기 위해서는 더 많은 연대와 지지가 필요하다.

아니타 사키시안 인터뷰

게임은 무엇이고, 게이머는 누구인가?[*]

Q: 한국의 게이머들 사이에서는 '게이머게이트' 사건과 〈비디오 게임 속 비유 vs. 여성(Tropes vs. Women in Video Games)〉 관련 영상으로 유명하신데, 최근 하고 계신 활동에 대해 간단히 소개 부탁드립니다.

A: '페미니스트 프리퀀시' 활동은 전반적인 팝 컬처에 대한 활동입니다. 게임 외에도 다양한 대중문화를 포함해서요. 최근에는 팟캐스트 등 여러 미디어로 확장하고 있고요. 가을에는 '역사 속의 여성들'이라는 내용을 주제로 책을 발간하려 합니다.

[*] 이 인터뷰는 2018년 6월 6일 서울국제여성영화제 회의실에서 이루어졌습니다.

───── ★ 게임에 대하여

Q: 당신이 게임 패드를 붙잡고 있는 어릴 적 사진이 굉장히 인상 깊었습니다(그는 자신의 어릴 적 사진 이야기를 할 때 살짝 웃었다). 어릴 때부터 정말 많은 여성 캐릭터들을 봐왔잖아요. 게임을 하면서 인상 깊었던 여성 캐릭터 몇몇을 간단한 이유와 함께 소개해주실 수 있을까요? 긍정적이건 부정적이건 간에요.

A: 이미 알고 계시지만, 〈비디오 게임 속 비유 vs. 여성〉에는 비디오 게임 역사상 등장했던 많은 여성 캐릭터들에 대해 언급하고 있어요. 물론 그곳에 등장하는 여성 캐릭터는 부정적인 예가 더 많긴 하지만요. (웃음) 그래도 최근에는 여성 캐릭터들이 확실히 전보다 긍정적인 이미지로 구축되고 있어요. 최근 플레이한 게임 중에 〈셀레스트〉라는 게임이 있는데, 이 게임은 우울증에 걸린 젊은 여성이 등장합니다. 이런 캐릭터의 등장은 기존의 여성 캐릭터와는 다른 여성 캐릭터의 이미지를 만들어나가는 데 한몫했지요.

Q: 최근 들어 게임 속에서 다양한 체형의 여성 캐릭터들이 등장하기 시작했습니다. 대표적으로 〈오버워치〉의 자리야나 메

이 같은 캐릭터들이요. 흥미로운 사실은, 기존의 호리호리한 체형이 아니면서도 악역은 아닌 긍정적 여성 캐릭터들이 등장하면 남성들은 반발이라도 하듯 그런 캐릭터를 유머스럽게, 낮춰서 대한다는 거예요! 이런 남성들의 행위 밑에는 어떤 마음이 깔려 있다고 생각하시나요?

A: 말씀하신 것처럼, 최근에는 더 다양한 타입의 여성 캐릭터가 등장하고 있습니다. 자리야나 메이는 일종의 빅사이즈 캐릭터로 등장했고, 기존의 여성 캐릭터들 타입과는 달라요. 이

아나타 사키시안이 게임 속 여성 캐릭터들을 분석한 유튜브 영상
〈비디오 게임 속 비유 vs. 여성〉의 한 장면

런 식으로 새로운 여성성이 게임에 반영되는 것은 굉장히 긍정적입니다. 그러나 말씀하신 것처럼 나타나는 사람들의 반응은 일종의 '백래시'라 생각해요. 이는 기존의 남성들이 갖고 있는 기득권층으로서의 권리 의식에 기반합니다.

지난 10여 년간 게임 마케팅은 대부분 남성을 대상으로 삼았어요. '누가 게임을 할 것인가?', '누가 세상을 구할 것인가?'의 대상에 여성들은 포함되지 않았죠. 그것들을 보고 자란 세대들은 당연히 그게 자신의 것이고 자신이 누려야 될 것으로 훈련받습니다. 그래서 그것을 자신의 당연한 권리라고 생각하죠.

이런 현상은 지금의 대중문화에서도 마찬가지예요. 많은 광고나 매체에서 남성들은 좋은 직장을 갖고, 예쁜 여성을 얻고, 좋은 차를 갖는 것이 당연하다고 배우고 있습니다. 여성은 반대로 그들 뒤의 배경이 되거나, 구원을 받는 존재가 되거나, 누군가의 보상이 되죠. 이런 상황에서 등장하는 새로운 여성의 이미지는 기존의 것을 위협하는 존재가 됩니다.

〈스타워즈〉 프랜차이즈를 보면(해당 인터뷰를 하기 전날, 〈스타워즈〉 작가 캐슬린 케네디와 배우 켈리 마리 트랜을 둘러싼 거대한 사이버 불링이 발생했고, 결국 이 둘은 소셜 계정을 폐쇄했다) 지금까지와 달리 여성 캐릭터나 유색 인종이 더 크고 중요한 역할을 맡는 것에 대해 기존의 팬보이(특정 매체를 맹목적으로 추종하는 남성 팬. 마치 어린아이처럼 자신이 애정을 쏟는 대상만을 최고로 여기며 그 외의 것은 무시하거나 비하하기도 한다. 기존 매체에 대한 애정이

지나친 나머지 시대의 변화에 따른 변화를 받아들이지 못하는 팬들에 대한 일종의 멸칭으로 주로 사용된다)들은

납득하지 못하며, 자신들의 것이 빼앗겼다고 생각해 정말 강하게 분노하고 있습니다.

게임 얘기로 돌아가면, 서구권의 경우 이런 가부장적인 문화에 대한 환상이 사람들 마음속에 뿌리 깊게 자리하고 있어요. 그런 상황에서 여성 캐릭터를 바꿔야 한다거나, 여성들이 등장해서 당신이 지금까지 즐기던 게임의 내용이 옳지 못하다고 하면 '어떻게 감히?' 하는 생각이 먼저 드는 거죠. (웃음) 반면에 〈오버워치〉에서 다양한 이미지의 여성 캐릭터들이 등장했을 때 많은 여성 유저들은 환호했어요. 통계적으로도 〈오버워치〉는 다른 게임보다 여성 유저의 비율이 높은 것으로 나타났고요.

Q: 〈디스아너드 2〉의 경우 〈디스아너드 1〉에 대한 당신의 비평을 수용해 많은 점이 개선되었거든요. 이런 직접적인 사례가 더 있다면 소개해주실 수 있으신가요?

(〈디스아너드 1〉속 여성 캐릭터들은 하녀, 매춘부, 마녀 같은 제한된 역할만 부여받았는데, 이에 대한 아니타 사키시안의 비판을 수용한 개발사가 〈디스아너드 2〉에서는 더 이상 그러지 않겠다고 인터뷰를 통해 밝혔

고, 실제로 〈디스아너드 2〉 속 여성 캐릭터는 더 다양한 모습을 보여주며 좋은 평가를 받고 있다.)[2]

A: 음 … (웃음) 이건 저 혼자만의 힘으로 이루어진 것이 아니에요! 지금 대중문화는 예전에 비해 많은 부분에서 개선이 되고 있거든요. 저뿐만이 아니라 많은 평론가가 꾸준히 활동했기 때문이라고 생각해요. 제가 한 비평은 그중 일부분이죠. 지난 5년간 많은 여성 캐릭터와 유색 인종 캐릭터가 등장했어요. 문화적 소통의 대상이 예전과 달리 점점 많은 대상을 향해 이동하고 있어요. 많은 여성이 목소리를 높여 자신의 권리를 주장해왔기 때문이죠.

기억하실 수도 있지만, 몇 년 전 유비소프트 개발자들이 여성을 애니메이팅하기 어렵다고 불평한 걸로 크게 논란이 된 적 있어요(여성의 긴 머리는 물리법칙을 적용하기 어렵고, 여성 주인공을 만들기 위해 골격부터 모션까지 전부 새로 만들려면 큰 비용이 드는데, 비용 대비 이득이 나오지 않는다는 이야기. 이후 많은 비판을 받은 유비소프트는 해당 비평을 적극 수용해 많은 여성 주인공을 등장시켰다). 그 일이 있고 나서 나온 〈어쌔신 크리드: 신디게이트〉에는 남성 외에도 여성과 (시리즈 최초로) 트랜스 남성, 유색 인종 등 다양한 타입의 사람들이 등장하게 됩니다.

가끔 게임 개발자들이나 게임 회사에서 연락이 와요. 당신 리뷰를 봤는데 이런 지적들이 굉장히 의미 있게 느껴지더라, 차기작에는 많은 점을 개선하겠다 같은 연락이요. 이런 연락을 받으면 굉장히 뿌듯해지고요.

Q: 유비소프트 이야기가 나와서 말인데, 〈어쌔신 크리드: 오리진〉 같은 경우는 아야를 투 톱 주인공으로 홍보했지만, (비중은) 그에 미치지 못했다는 반응도 있어요. 이런 식으로, 홍보해놓고 막상 뚜껑을 열어보면 그렇지 않은 경우들도 꽤 있죠?

A: (웃음) 사실 좀 웃기죠. 과거에는 여성 캐릭터가 나온다고 해놓고 홍보에는 전혀 등장하지 않는 경우가 꽤 있었어요. 바이오웨어의 〈매스 이펙트〉에는 여성 셰퍼드(주인공)가 등장하는데, 게임 패키지의 커버나 게임 홍보에는 오직 남성 셰퍼드만 등장해요. 게임을 홍보하는 대상이 여성이 아니라는 거죠. 그런데 최근에는 "우리도 여성 캐릭터가 있어요! 다양해요!"라고 홍보를 해요. 게임 회사에서요. 그런데 막상 뚜껑을 열어보면 별것 아닌 경우들이 더러 있죠. 재미있게도 말이에요.

〔2020년 7월 21일, 유비소프트의 직장 내 성희롱 사건이 폭로되었다. 이 폭로 과정에서 사내 성희롱 사건의 주된 가해자 중 하나로

지목받던 최고 크리에이티브 책임자(CCO) 세르주 아스코에(Serge Hascoet)와 마케팅 부서가 〈어쌔신 크리드〉 시리즈 속 많은 여성 캐릭터들이 메인으로 활약할 기회를 제거했다는 사실 또한 밝혀졌다. 그동안 유비소프트 산하 스튜디오 중 몇몇 곳에서 여성 캐릭터들의 분량을 늘리고 단독 여성 주인공이 나오는 게임을 만들어왔다. 경영진들은 "여성만 있으면 팔리지 않는다"는 이유로 알파 메일(alpha male)을 추가할 것을 강요했고, 남성 캐릭터보다 높은 위치에 있는 여성 캐릭터의 분량과 서사를 제거해왔다는 것이다. 이번 폭로로 성추행 혐의가 드러난 많은 임원진들이 대거 사임했으며, 동시에 그런 환경에서도 다양한 게임을 만들기 위해 포기하지 않았던 개발진들의 노력 또한 수면 위로 드러났다.)[3]

Q: 배우 메릴 스트립은 '로튼 토마토'(영화 평론 사이트)에 관해 말하면서, 많은 심사위원이 남성으로 구성되어 있고, 평론가나 리뷰어들 또한 남성으로 구성되어 있어서 이것이 미국의 박스오피스의 방향을 결정한다고 이야기했어요.[4] 게임 분야 또한 마찬가지로 리뷰 사이트나 유튜브 창작자들 대부분이 남성이고요. 이런 매체의 성비가 게임 회사의 개발 방향을 정하고, 더 나아가 게이머의 취향을 만들어내게 된다고 생각하시나요?

A: 물론이죠! 게임 산업에서는 플레이어가 젊은 남성일 것으로 전제하고 모든 행동과 작업이 이루어져요. 그 외 대상에 대해 마케팅과 투자를 해야겠다는 생각 자체가 부족한 편이죠. 모바일 게임이나 캐주얼 게임의 경우 정말 많은 여성 유저들이 플레이해요. 이 시장은 절대로 무시할 수 있는 크기가 아니에요. 엄청난 돈을 만들 수 있는 시장이죠. 점점 커지고 있고요. 그럼에도 게임 업계는 비디오 게임에 대해 언급할 때 그것들은 전혀 말하지 않아요. 대형 온라인 게임이나 슈팅 게임 같은 걸 만들어 주력 홍보 상품으로 삼죠. 남성 유저들에게 어필하지 않는다고 생각해서요.

Q: 우리만이 '진정한 게이머'니까?(웃음)

A: 네 정확히 그런 거죠.(웃음) 그래서 '게이머란 누구인가?', '게임이란 무엇인가?'라고 할 때 확장된 시선으로 바라보는 것이 정말 중요해요.

Q: 방금 이야기와 연장되는데, 특이하게도 (〈곤 홈〉이나 〈허 스토리〉 같은) 몇몇 게임의 경우는 매체의 평가와 유저들의 평가가 크게 갈려요. 악성 댓글들도 많이 달려 있죠?(223~224쪽 참조)

A: 사실, 저는 유저들의 그 반응이 진짜라고 생각하지 않아요. 〈곤 홈〉의 경우는 굉장히 성공한 게임이에요. 게임 스튜디오를 옮기는 데 기여하고, 대형 프랜차이즈 게임만큼은 아니더라도 많은 양이 팔렸고, 평점도 높지요. 물론 무엇이 성공한 게임인지에 대한 사람들의 의견은 다양할 수 있어요. 유저의 평가? 평론가의 평가? 판매량? 무엇에 더 기준을 두느냐에 따라 판단이 다를 수 있지만, 제작사나 저는 〈곤 홈〉이 성공한 게임이라고 평가해요. 독특한 게임 방식으로 게임 산업이란 무엇인가에 대한 경계를 넓히는 데 기여했죠. 현재도 유사한 장르의 게임이 꽤 나오고 있고요.

다만 〈곤 홈〉은 독특한 방식으로 나온 '첫 번째' 게임이에요. 기존과는 다른 낯선 방식에 대해 "진정한 게임이란 이런 것이다"라며 게임의 '순수성'을 지키고 싶어 하는 소수의 남성 유저들의 반발 심리가 튀어나왔어요. 엄청난 반작용이 있었죠. 하지만 그들이 게임 팬들의 전체 의견을 반영하는 건 아니에요. 그것을 즐겁게 플레이한 보통의 게임 유저들도 많았고, 여성 유저들과 퀴어 유저들에게는 분명 긍정적인 반응을 불러일으켰습니다.

──★ 페미니즘에 대하여

Q: '페미니스트 프리퀀시' 관련 활동을 하면서 많은 일을 겪으셨어요. 옳은 일을 하면서 장벽을 만나기도 하고, 싫어하는 사람들이 공격하기도 합니다. 그런 일을 여러 번 겪다 보면 나도 모르게 소진이 되고, 지쳤다고 느끼기 쉬울 것 같습니다. 이런 것을 견뎌내는 데 어떤 것들이 도움이 되셨나요?

A: 사실 중요한 것은 지지자를 찾고 함께 연대하는 과정입니다. 사람이 인터넷에 접속하지 않을 수 있을까요? 그건 불가능하죠. 그런 일로 힘들어하게 될 때, 주변에서는 쉽게 말합니다. "그냥 막아", "무시해버려", "블락(차단)해". 하지만 그렇게 하더라도 괴롭힘을 당한다는 사실이 사라지지 않아요! 그들의 목적은 공론장에서 자신들의 마음에 들지 않는 발언을 쫓아내는 것이기 때문에, 침묵하게 된다면 그들의 손을 들어주는 셈이 되겠죠.

　물론 힘들어요. 너무 힘들면 잠깐은 다른 일에 집중하는 것도 좋습니다. 처음에는 제 이름을 인터넷에 전부 찾아보기도 했고, 그런 것들을 하나하나 읽으며 스트레스 받기도 했어요. 모든 악플을 다 볼 필요가 없어요. 빚진 게 아니잖아요. 그럴 때야말로 상황에서 한 걸음 물러나서 잠깐 쉬어가는 게 중요해요. 저는 취미를 찾고, 밖에 나가서 운동도 하고 그랬어요. 살아남기 위해선 자기 자신을 챙겨야 해요. 장기전이니까요. 절대로 혼자 싸우지 마세요. 저는 '페미니스트 프리퀀시'를 통해 지지하는 편을 찾았고, 서로 존중하면서 함께 일하는 그런 과정이 도움이 됐어요. 그들이 항상 뒤에 있다고 생각하세요.

Q: 마지막 질문이네요. 바로 지금, 한국의 게임 업계 속 많은 여성들은 한국판 '게이머게이트' 사건을 겪고 있습니다. SNS에서 페미니스트의 트위터를 리트윗하거나 '좋아요'를 눌렀다는 이유로 직장에서 해고당하고, 사상 검증을 받기도 합니다. 인터넷을 통해 집단 괴롭힘을 당하는 것은 물론입니다. 몇몇 사람들은 이것이 잘못된 일인 것을 알면서도 생존의 문제 때문에 입을 열지 못하고 버티고 있습니다. 한국의 게임 현장에서 활동하고 있는 페미니스트들을 위해 격려와 독려의 말을 해주실 수 있을까요?

A: 제가 겪었던 일들 때문일까요? 많은 장소에서 사람들이 저에게 "뭘 해야 할지 말해 주세요!"라고 묻습니다. (웃음) 다른 문화권에서 온 사람으로서, 이런 상황에선 이렇게 하세요 하고

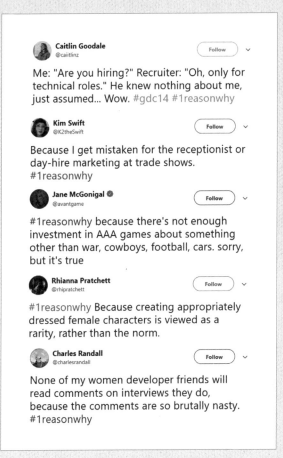

Caitlin Goodale
@caiitlinz
Follow

Me: "Are you hiring?" Recruiter: "Oh, only for technical roles." He knew nothing about me, just assumed... Wow. #gdc14 #1reasonwhy

Kim Swift
@K2theSwift
Follow

Because I get mistaken for the receptionist or day-hire marketing at trade shows. #1reasonwhy

Jane McGonigal ✓
@avantgame
Follow

#1reasonwhy because there's not enough investment in AAA games about something other than war, cowboys, football, cars. sorry, but it's true

Rhianna Pratchett
@rhipratchett
Follow

#1reasonwhy Because creating appropriately dressed female characters is viewed as a rarity, rather than the norm.

Charles Randall
@charlesrandall
Follow

None of my women developer friends will read comments on interviews they do, because the comments are so brutally nasty. #1reasonwhy

여성 게임 개발자들이 자신들의 목소리를 인터넷에 냈던
해시태그 #1reasonwhy(단 하나의 이유).
"왜 게임 업계에는 여성 개발자가 그렇게 적지?"라는 의문에서 시작한 이 해시태그는
많은 여성 개발자들이 업계에서 겪은 불평등한 일을 토로하는 계기가 되었다.

조언하기엔 분명 불편하게 느껴지는 부분들이 존재할 거예요. 다만 미국에서도 비슷한 일들이 일어났었고, 지금도 일어나고 있다는 사실은 말해주고 싶어요.

미국에서도 초반에 굉장히 많은 상황과 반작용을 겪었어요. 피해를 본 건 말할 것도 없죠. 처음에는 한두 명의 여성들이 자신들이 겪은 일을 용기 내서 얘기했고, 그 일 이후로 많은 여성들이 자신이 겪은 불평등에 대해 "이것은 옳지 않다. 받아들일 수 없다"고 말하면서 목소리를 한데 모았어요. 작은 연대로 시작해 큰 집단의 목소리로 이어졌어요. 의미 있는 흐름이 되었지요.

그러나 그런 과정이 쉽지만은 않은 것도 사실이에요. 직장을 잃고, 승진에서 누락되고, 괴롭힘을 받는 등 실질적인 위협이 곳곳에 도사리고 있잖아요. 현실에서 최대한 안전하게 운동을 하고, 목소리를 높이는 방법에 대해 고민해야겠지요.

게임은 국가의 틀 안에 갇혀 있지 않은 글로벌한 사업이에요. 미국이나 유럽뿐 아니라 전 세계적으로 많은 게임 업계 속 여성들이 비슷한 투쟁을 하고 비슷한 사건을 겪고 있습니다. 서로의 문화적 차이를 고려하고 존중하며 그들이 함께 모여서 연결되어 목소리를 낸다면? 그 힘은 엄청날 거예요. 여러 명이 함께 모여 큰 목소리를 내야 한다고 생각합니다.

한국의 게임 업계에서 페미니즘을 둘러싸고 벌어지는 사건들은 페미니즘에 대한 그 사회의 입장이나 젠더 역할 등을 그대로 반영한다고 생각해요. 이런 것들에 어떻게 대응하느냐, 어떻게 개선해야 하느냐에 관한 질문은 그곳에 사는 페미니스트 활동가들도 직면한 문제이지요. 금방 개선되지는 않을 거예요. 그렇기 때문에 혼자가 아닌 여럿이 함께하는 게 더 중요합니다.

아니타 사키시안은 일전에 다른 이들에게도 많은 질문을 받은 듯, 한국의 현재 상황이 어떻게 여기까지 오게 되었는지에 대해서도 궁금해했다. 그는 이후 강연에서 언급했듯 자신이 겪은 피해 사례들에 대해 말하는 것이 때로는 지치지만, 자신과 비슷한 일을 겪는 수많은 사람들을 위해 앞으로도 계속 말할 것이라고 했다. 그가 여러 번 강조하며 말했던 것처럼, 작은 목소리들이 한데 모여 큰 목소리로 변하고, 그것이 세상을 바꾸는 원동력이 되기를 기원하며.

5

혐오에 맞서
재미 찾기

롤플레잉:
당연한 불편함으로의 진화

〈드래곤 퀘스트〉나 〈파이널 판타지〉, 〈울티마〉 같은 RPG 장르는 주로 비현실적인 배경을 바탕으로 다양한 역경과 고난의 극복을 간접 체험하게 만든다. 이는 플레이어에게 간접적인 경험을 제공하며 성취감과 만족감을 느끼도록 해주었다.

과거 RPG에서 역경을 극복하고 성장하는 대부분의 주인공은 남성이었다. 평범한 소년이 어떤 계기를 통해 큰 힘을 얻고 절대악을 제거하기 위해 싸우는 이야기는 일본 RPG의 대표적인 클리셰이기도 하다. 세상을 구한 용사는 보상으로 공주를 얻거나, 동료인 수많은 여성 캐릭터 중 한

명과 맺어진다. 주인공의 서사에 플레이어들은 공감하기도 하고 때로는 크게 몰입하기도 했다. 오직 남성 플레이어들만.

기존의 주인공 캐릭터 이미지가 남성 주인공으로 정형화되어 있고 선형적인 루트로 게임이 진행될 때, 서양 고전 RPG 게임들은 비교적 자유로운 편이었다. 이런 종류의 게임에는 여성이 남성과 동일하게 취급받고 능력과 직업에 어떠한 제약도 받지 않는다는 문구가 기재되어 있는 경우도 있었다. 캐릭터의 성별에 따른 경험 차이를 두지 않으려한 것이지만, 이는 단순한 서술에 불과할 뿐 RPG 장르에서 여성이 묘사되는 방식에는 분명한 한계가 존재했다. 남성과 여성의 차별을 두지 않기 위해 게임 회사는 성별의 특이점을 '지우는' 방식을 선택했다. 남성 주인공과 여성 주인공의 대사는 똑같은 것으로 출력되었고, 주인공이 어떤 성별이든 NPC들의 반응 또한 한결같았다. 제작 측면에서도 그 편이 훨씬 더 경제적이었기 때문이리라.

〈발더스 게이트〉 시리즈에는 늘 사창가나 매춘부가 등장했다. 메인 스토리에는 큰 영향을 끼치지 않지만 이런 장소에는 늘상 추가적인 보조 퀘스트들이 한두 개(플레이어가 주점을 방문했을 때, 어떤 남자가 창부와 바람피우는 것을 보고 그의 아내에게 고발해 보수를 받아낼 수도 있고, 반대로 그 광경을 목격한 아내를 죽여버릴 수도 있다. 누군가에겐 웃자고 만든 이벤트일 수 있지만 전혀 우습지 않다) 존재했고, '골드'를 소비하여 성매매를 할 수도 있다. 남성 영웅이 어둠의 업계에서 일하는 미인을 통해 정보를 얻는다는 서사는 언뜻 보기에 이상한 점이 없어 보일 수도 있지만, 주인공의 성별이 여성으로 바뀔 경우 생기는 어색함(남성 매춘부가 존재한다 하더라도!)은 지울 수 없었다.

그 와중에 파티원이 전원 여성일 때는 원래 있던 이벤트가 삭제되는 경우도 존재했다. 〈발더스 게이트 1〉에 등장하는 사파나는 개방적인 미인 해적이라는 스테레오 타입을 그대로 따온 캐릭터다. 이 캐릭터를 영입하기 위해서는 파티에 최소한 남성 캐릭터가 한 명 있어야 한다. 바꿔 말하면, 여성 캐릭터만으로 이루어진 파티를 짜게 되면 이 캐릭터를 만날 기회조차 사라지게 되는 것이다.

두 가지 성별 중 하나를 선택할 수 있는 게임이어도 홍보 포스터에는 늘 남성 주인공이 메인을 차지했다. 여성 주인공은 남성 주인공의 대안에 불과했으며, 게임을 홍보할 때 여성 주인공보다 주인공을 보조해주는 동료 여성 캐릭터의 모습을 더 많이 노출하는 경우도 있었다.

등장인물들의 여성적인 면이 강조되는 순간은 주로 그 캐릭터의 성적인 매력을 보여줄 때였다. 인간 외의 종족을 묘사할 때마저 여성의 모습은 인간이 추구하는 미의 기준에 좀 더 걸맞은 모습으로 그려졌고, 같은 장비를 입더라도 남성 캐릭터들과 달리 복부나 가슴의 노출이 생기기도 했다.

게임을 하는 인구가 늘어나고 좀 더 다양한 계층이 게임을 접하게 되면서 RPG 장르 또한 많은 변화가 일어났다. 여성 캐릭터를 메인 주인공으로 한 게임들이 나타나기도 하고, 이전과는 달리 주체적으로 싸우는 여성 캐릭터들도 많이 등장했다. 여성 캐릭터들의 의상에 문제를 느끼고 의식적으로 수정하려는 움직임 또한 나타나기 시작했다.

인기 프랜차이즈 게임 〈어쌔신 크리드〉 시리즈 중 데스몬드가 주인공으로 활약하는 1∼3편에는 기계를 전문적으로 다루는 엔지니어 등 다양한 여성 캐릭터들이 등장한다. 〈어쌔신 크리드 2〉에 등장하는 '카타리나 스포르자'는 역사 속 인물을 재구성한 캐릭터로, 과거 파트에서 큰 역할을 차지하고 있는 주요 여성 NPC다. 그는 자신의 아이들이 인질이 되었을 때도 굴하지 않고 자신의 치마를 들추며 아이들은 이걸로 얼마든지 만들어낼 수 있다는 대사를 던져 상대방을 질겁하게 만들고, 암살단의 일원으로서 물러서지 않고 싸운다.

또한 유비소프트는 여성 캐릭터가 주인공의 주변인으로만 등장하던 것에서 나아가, 시리즈 최초로 여성이 메인 주인공인 〈어쌔신 크리드 3: 리버레이션〉을 발매했다. 그리고 이에 멈추지 않고 〈어쌔신 크리드: 오디세이〉에서 쌍둥이 투 톱 주인공 중 여성 캐릭터인 카산드라를 메인 주인공으로 내세우기 시작했다.

〈디비니티: 오리지널 신〉의 경우 킥스타터 모금 과정에서 공개했던 포스터 속 비키니 아머를 입은 여성 캐릭터의 모습에 대한 비판이 일자, 이를 수용하고 갑옷의 디자인을

▲
〈디비니티: 오리지널 신〉 포스터의 변경 전(왼쪽)과 후
자료: 라리안 스튜디오.

전면적으로 교체했다. 여전히 가슴이 부각되는 아머를 입고 라인이 강조되어 있는 점은 아쉽지만, 몸이 노골적으로 드러나는 것은 더 이상 게이머들에게 흥행 보증 수표로 통용되지 않는다는 의미이기도 하다.

이는 〈월드 오브 워크래프트〉에서 실바나스의 갑옷 디자인 변화를 통해서도 알 수 있다. 〈월드 오브 워크래프트〉에서 실바나스의 모델링에는 많은 변화가 있었다. 사람들이 일반적으로 생각하는 실바나스의 이미지는 세 번째 이미지인데, 첫 번째와 두 번째는 기존에 있었던 다른 종족의 소스를 재활용한 것이기에 별 의미가 없었고, 세 번째에 와

▲
〈월드 오브 워크래프트〉에서 실바나스의 변화(왼쪽에서 오른쪽으로).
기존 캐릭터의 모델링을 재활용하다가(첫 번째와 두 번째 그림) 고유의 모델링을 적용했을 때
노출도가 올라갔고(세 번째 그림), 이후 자연스럽게 노출도가 적은 쪽으로 수정되었다.

서야 전작인 〈워크래프트 3〉에서 공개된 실바나스의 이미지와 유사해졌다. 이후 실바나스의 의상은 복부를 가린 디자인으로 수정되었고, 많은 유저들의 반발에도 블리자드 측은 실바나스가 큰 전투를 앞두고 있기 때문에 갑옷을 입어야 한다고 응답했다. 한 가지 재미있는 사실은, 실바나스의 복부를 가린 디자인은 〈히어로즈 오브 스톤〉의 실바나스에게 앞서 적용될 뻔했지만 유저들의 반발로 한 번 무산된 전적이 있다는 것이다.

〈발더스 게이트〉 시리즈로 많은 RPG 유저들의 사랑을 받아왔던 바이오웨어는 지금은 완벽하지는 않더라도 상당히 괜찮은 캐릭터를 만들어내는 회사로 거듭났다. 바이오웨어에서 제작된 〈드래곤 에이지: 인퀴지션〉(이하 인퀴지션)은 다음과 같은 이유로 몇몇 남성 유저들의 불만을 샀다.

- 못생긴 여성 캐릭터
- 게임 내에서 사귈 수 있는 여성 캐릭터가 적음

그들은 연애 가능한 여성 캐릭터들이 다른 여성 NPC에 비해 못생기게 그려졌다고 주장하며, 제작사에서 PC(정치적 올바름)를 추구하기 위해 여성 캐릭터의 매력 포인트를 일부러 제거했다고까지 말한다. 그러나 여성 캐릭터들의 외모를 자세히 뜯어보면 남성들이 보편적으로 원하는 '인상이 순한' 혹은 '부드러운' 미인상이 아닐 뿐이다.

연애할 수 있는 여성 캐릭터가 적다는 불만 또한 마찬가지다. 인퀴지션에서 남성 주인공과 연애 관계를 맺을 수 있는 여성 캐릭터는 두 명으로 전작과 유사한 비율이지만, 연애 가능한 남성 캐릭터의 수보다는 한 명 적다. 또 소수자만을 위한 로맨스도 게임 속에 배치되어 있다 보니, 로맨스 관계를 맺을 수 있는 캐릭터의 수 자체는 전체적으로 증가했음에도 이성애 남성 캐릭터로서 체험할 수 있는 로맨스의 비율이 감소했다. 그렇게 상대적 박탈감을 느끼는 와중

〈드래곤 에이지: 인퀴지션〉에서 남성 캐릭터와 연애 가능한 여성 캐릭터들
자료: 바이오웨어.

에 자신들을 위해 준비된(이라고 주장한다) 여성 캐릭터들도 기존 게이머들이 보편적으로 선호하는 조형이 아니니, 게임 개발사가 '주된 구매층'을 무시했다며 불만스러워하는 것이다. 그들이 말하는 '주된' 게이머란 흔히 게임을 즐기는 것으로 묘사되는 시스젠더 헤테로(cisgendered and heterosexual) 남성임은 말할 것도 없다.

지금까지 수많은 RPG 게임에서 여성 게이머들을 위한 로맨스 서사는 거의 제공되지 않았다. 롤플레잉 게임에서 로맨스는 서사의 한 부분을 담당할지언정 결코 메인이 될 수 없다는 것을 알기에, 여성을 포함한 성 소수자 게이머들은 그것들이 불균형하게 설정되었다고 느껴도 감내하고 플레이해왔다. 하지만 그런 상황을 겪어본 적 없는 남성 게이머들은 자신이 대접받지 못한다는 생각을 하게 되고, 급기야 자신들이 구매를 했기에 성장할 수 있었던 게임 회사가 자신들을 배신했다고 생각하는 것이다.

이러한 못마땅한 시선은 인퀴지션 시리즈에서 최초로 등장한 소수자 캐릭터들에게까지 확장되었다. 서사나 제작의 편의성을 이유로 기존의 많은 캐릭터들이 바이섹슈얼 성향으로 등장했던 것과 달리, 이번 작품에는 동성애자인 동료 캐릭터들이 등장했고, 그들의 서사 자체도 자신의 성 정체성과 관련된 이야기들이 주를 이루었다. 변화가 못마땅한 게이머들은 그 점에 대해서도 "왜 여성 캐릭터에게 투자하지 않고 불필요한 이야기를 만드는지 모르겠다"고 이야기한다. 늘 존재하지만 지금까지 드러나지 않은 것들이 고작 단 한 개의 작품에서 보이기 시작했을 뿐인데도 변화를 받아들이지 못하고 불만을 토로하는 것이다.

이와 같은 '불만'들은 그대로 이어져 〈매스 이펙트: 안드로메다〉가 발매되었을 때 다시 한번 크게 불거졌다. 초반 버전에서 보이던 어색한 그래픽과 애니메이션 버그(지금은 개선되었다)에 덧붙여 캐릭터들의 얼굴이 이른바 '미형'이 아니라는 이유로 남성 게이머들은 이 게임을 심하게 비판했다.

"인퀴지션때부터 모델링을 미형으로 만들지 않더니 결국 일을 쳤다", "〈매스 이펙트: 안드로메다〉의 제작자들이 페미니스트이기 때문에 게임을 이런 식으로 만든다"는 주장과 함께 개발자들의 사진(주로 여성 개발자들)이 캡쳐되어 돌아다니기 시작했다. 한 디렉터는 SNS에 올라온 프로필에 '페이셜 디자이너'라고 표기되었다는 이유만으로 익명의 남성 유저들에게 실시간으로 살해와 강간 협박을 받기 시작했다(도대체 왜 그들은 자신의 기분을 상하게 한 여성들에게 강간하겠다는 협박을 끊이지 않고 하는 것인가?). 이에 바이오웨

어느 프로젝트에 참여했다는 이유만으로 누군가를 공격하는 행위를 더 이상 묵인하지 않겠다고 응대했다.

미국의 게이머게이트 사태와도 유사한 전개를 보인 이 사건은, 게이머게이트가 일어난 지 얼마 되지 않은데다, 그 행위가 잘못됐다는 게임계 곳곳의 지적에도 불구하고 반복되었으며, 스스로를 이른바 '주류'라 칭하는 게이머들의 인식이 아직 바닥이라는 사실을 낱낱이 보여주었다.

게임이 자신의 입맛에 맞지 않는다며 불만을 토로하고 제작사까지 협박하는 사건들은, 유감스럽게도 작품을 바꿔가며 계속 일어나고 있다. 남성 유저들은 게임의 간판이 되는 여성 캐릭터가 '미형'이 아닌 것을 받아들이지 못한다 (그보다, 왜 여성 캐릭터가 게임의 '간판'이 되어야 하는가?). 남성 캐릭터들은 얼굴에 수염이 나고 상처가 있더라도, 여성 캐릭터의 얼굴은 나이를 막론하고 주름이 지지 않거나 주름이 있더라도 위화감이 없을 정도여야 한다. 2018년에 〈몬스터 헌터: 월드〉가 발매되었을 때 유저들은 주인공의 동료 역을 맡은 접수원의 얼굴이 아름답지 않다는 이유로 "왜 내가 계속 얼굴을 봐야 하는 여자를 못생기게 만들었냐"며 가상의 캐릭터에게 멸칭을 붙였고, 유저 커뮤니티와 국내 웹진들은 해당 캐릭터를 비하하는 이미지들을 끊임없이 생산하고 있다. 해당 문화에 동의하지 않더라도 마치 〈몬스터 헌터〉를 플레이하는 사람들이라면 모두 그래야 하는 것처럼 분위기를 조성하고, 다들 별 무리 없이 그런 행동을 받아들인다.

그들은 말한다. 지금껏 그래 왔던 것처럼 게임 속 가상세계에서만큼은 편하게 내가 원하는 욕망을 대리 충족하며 게임을 하고 싶다고. 그러나 누군가가 속 편히 게임을 즐기는 동안, 그 밑에는 수많은 불편함을 견디며 가상의 자아를 만들어 게임하는 여성 게이머와 소수자 게이머가 존재해 왔다. 그들의 이야기가 드러나는 순간 기존의 게임을 편히 누리며 살아온 다수의 누군가는 불편함을 느끼겠지만, 이 불편함은 당연한 불편함이 되어야 할 것이다.

주인공:
말하는 사람도 듣는 사람도 여성이라면[*]

게임 속에서 '주인공'이라는 단어를 생각해보자. 이야기를 이끌어나가는 메인 캐릭터이며, 사건의 중심이자 사건의 해결사로서 어떤 어려운 문제나 과제도 하나하나 천천히 풀어나가는 캐릭터. 때로는 플레이어의 자아를 투영하는 존재.

이번에 소개할 게임들의 주인공은 앞서 말한 일반적인 주인공과는 다르다. 주인공은 철저히 관찰자의 시각에서 이야기를 전달하며, 그 시야에는 어떤 가치판단도 존재하지 않는다. 그저 어떤 여성의 이야기가 주인공을 통해 전달

---

[*] 이 글에는 〈곤 홈(Gone Home)〉과 〈허 스토리(Her Story)〉의 스포일러가 포함되어 있습니다.

될 뿐이다.

──★ 〈곤 홈〉

이 이야기는 거대한 악을 구하는 것도, 호러 분위기로 가득한 집에서 귀신들과 싸우며 숨겨진 이야기의 진실을 파헤치는 게임도 아니다.

게임을 시작하면, 나(주인공)는 유럽 여행을 마치고 집으로 돌아온 상태다. 귀국일을 알렸음에도 불구하고 집 안에는 어째서인지 아무도 없다. 밖에는 비가 내리고 있고 이따금 천둥번개가 쳐서 집은 한층 더 을씨년스럽게 느껴진다. 나는 열쇠를 찾아 집의 문을 연다. 여동생은 문에 쪽지를

▲
〈곤 홈〉의 주인공은 모습이 드러나지 않는
1인칭 시점으로 집 안 곳곳을 살펴보며 이야기를 찾는다.
자료: 풀브라이트 컴퍼니.

남긴 채 사라졌다. 자신은 그럴 수밖에 없었고, 이 이야기를 전부 듣게 되면 자신을 이해할 것이라는 말과 함께.

게임 속에서 플레이어가 할 수 있는 일은 주인공의 시점에서 집 안 구석구석을 뒤져가며 여동생인 샘의 다이어리를 찾는 것이다. 주인공이 '오브젝트'를 조사할 때마다 나타나는 다이어리는 마치 미리 녹음해둔 카세트테이프처럼 음성으로 그날 있었던 일들을 알려준다. 주인공은 이 과정에서 부모님의 서재 등을 뒤져보고, 편지나 메모 등을 통해 얻은 단편적인 정보들로 상황을 추리하게 된다.

처음에 정보를 모으다 보면 샘이 전학 이후 학교생활에 적응하지 못해 또래 집단의 따돌림을 받고 사라진 것으로 오해하기 쉽다. 그러나 '나'는 이야기를 진행하면서 샘의 다이어리를 하나둘 얻게 되고, 그러다 보면 진실을 알게 된다.

샘은 전학 온 학교에서 다소 괴짜 취급을 받고 지내다 로니를 만나게 된다. 펑크 로커 활동을 하는 로니를 보고 처음에는 신기하게 생각하다가 곧 서로 절친한 친구가 된다. 샘은 얼마 후 자신이 로니와 사랑에 빠졌다는 사실을 깨닫고 부모님께 어렵게 커밍아웃을 하지만, 부모는 그게 별일이 아니고 금방 '정상'으로 돌아올 것이라며 대수롭지 않게 취급한다. 그 와중에 로니는 입대를 하면서 마지막 선물로 샘에게 노래를 선물한다. 로니가 떠난 이후 홀로 남은 샘은 정서적으로 힘들어하고, 얼마 후 로니가 전화를 걸어 샘을 그리워하자 샘은 로니를 만나기 위해 집을 떠난다.

이런 이야기의 진행 방식은 넷플릭스 드라마 〈루머의 루머의 루머〉(이하 루머*3)와도 유사하다. 〈곤 홈〉의 경우 실질적인 화자는 여동생이며, 주인공은 그 이야기의 실마리를 짚는 관찰자다. 루머*3에서는 이야기의 실질적 화자인 해나는 자살한 상태이며, 자신이 자살에 이르기까지에 관한 이야기를 카세트테이프로 남긴다. 이는 (무지하고 평범한) 남성 주인공에게 전달되고, 이야기의 진행은 주인공이 시선을 옮길 때마다 카세트테이프를 통해 전달된다. 둘 다 현재 시점의 주인공 곁에 주된 화자가 존재하지 않고, 다이어리와 카세트테이프는 둘 다 일방적인 전달만을 할 뿐이다. 주인공은 그 메시지에 대해 피드백할 수 없다. 오직 듣기만 해야 하는 것이다.

── ★ 〈허 스토리〉

이야기 전개 방식은 〈곤 홈〉과 유사하다. 나(주인공)는 컴퓨터 앞에 앉은 경찰관이다. 과거에 일어난 살인 사건을 조사하기 위해 당시 진술 영상이 보관된 컴퓨터의 데이터베이스를 이용하는 중이다. 영상은 키워드별로 정리되어 있기에 시간 순서대로 볼 수는 없다. 그 대신 화면 속의 피해자 아내인 해나가 진술하는 내용 속에서 의미 있어 보이는 몇몇 단어들을 찾아 데이터베이스에 검색하고, 그와 관련된 진술 영상을 보며 어떤 일이 있었는지를 조사해야 한다.

게임은 데이터베이스상에 'Murder(살인)'와 관련된 클립을 검색하는 것부터 시작한다. 첫 번째 영상에서 해나는 자신의 남편이 살해되었냐고 묻는다. 시간이 어느 정도 지난 후인 마지막 영상에서는 자신이 한 얘기들은 증거가 없지 않느냐며 발뺌을 한다.

그렇다. 이야기의 시작과 끝은 이미 나와 있다. 그사이에 어떤 일이 일어났는지 정확히 파악하기 위해 플레이어는

▲
〈허 스토리〉는 이 영상의 차이를 발견하는 것부터 시작한다.
자료: Sam Barlow.

첫 번째 영상과 네 번째 영상의 날짜와 시간을 비교해보고, 빈 이야기들을 메우기 위해 데이터베이스에서 연관된 키워드들을 검색해야 한다. 단서는 화면 속 해나의 말뿐이다.

순서를 추론할 수 있는 것은 영상이 녹화된 시간과 해나의 옷차림이다. 또한 컴퓨터상 데이터베이스 리스트 체커는 현재 보고 있는 동영상의 시간적 위치를 표시해줌으로써 플레이어가 그 영상이 시간상 어디 즈음에 위치하는지 추측할 수 있게 도와준다.

키워드를 찾아 검색하다 보면 이상한 점을 몇 가지 발견할 수 있다. 어느 날의 해나는 커피 말고는 다른 음료는 마시지 않는다고 한다, 또 어느 날의 해나는 차를 즐겨 마신다고 말한다. 또 다른 어느 날 해나는 남편의 부모를 이름으로 부르고, 다른 날의 해나는 남편의 부모를 '그의 아버지', '그의 어머니'로 호칭한다. 두 해나는 아주 닮았지만, 말투나 행동이 미세하게 다르다. 그러나 남편이 실종된 날에 대한 진술만큼은 놀랍도록 일치한다. 나(플레이어)는 데이터베이스를 검색해 왜 이런 일이 생겼는지, 정확히 어떤 일이 있었는지 파악하고, 마지막 해나의 말은 무슨 뜻인지 알아내야 한다.

──── ★ 전달자가 된 주인공

이 두 게임에서 '주인공'은 주인공이 아니다. 그들은 단순히 돌아다니거나 키워드를 입력해 진짜 주인공의 이야기를 듣고, 그에 따라 힌트를 얻어나가며 점점 '진짜' 이야기에 한 발자국씩 다가가게 된다.

〈곤 홈〉은 주인공이 집 안 이곳저곳을 돌아다니며 얻은 정보를 통해 이야기를 간접적으로 추론할 수 있을 뿐이다. 그 과정에서 주인공은 아빠가 JFK 암살과 관련된 음모론 신봉론자인 것을 알게 되고, 엄마는 새로운 산림경비대원과 바람을 피우는지도 모른다는 사실을 알게 된다. 부모님은 주인공에게 잠깐 여행을 간다는 메모를 남겼지만 다른 방의 테이블 위에는 야외에서 하는 부부 상담 프로그램에 대한 브로슈어가 놓여 있다. 이런 요소들은 전부 간접적인 흔적으로 제시되며, 플레이어는 탐색을 통해 얻은 정보로 '추론'만 할 수 있다. 주인공의 목소리는 게임이 시작될 때 음성메시지함에 녹음된, 자신이 여행을 끝나고 돌아간다는 이야기 외에는 나오지 않으며, 나머지는 전부 여동생의 목소리로 이야기를 이어나간다.

〈허 스토리〉의 경우도 마찬가지다. 해나의 진술이 게임의 전부이자 과정이며, 주인공은 조사 도중 모니터에 반사되는 얼굴로 드러나는 것이 전부다. 진술은 이미 데이터베이스 곳곳에 흩어져 있고, 뒤섞인 데이터 속에서 플레이어는 대화를 통해 얻은 실마리 하나하나를 검색한다. 일종의 프로파일링인 셈이다.

특이하게도 두 게임 전부 유명 게임 매체와 유저 간의 평가가 갈리는 것으로 유명하다. 〈곤 홈〉의 경우 플레이 시간에 비해 가격이 너무 비싸고, 이야기의 구조가 선형적이며, 소재가 크게 공감되지 않는다는 이유로 유저들에게 비판받았다. 많은 매체 속에서 레즈비언은 보통 남성의 성적 대상화를 거친 상태이거나 남성 캐릭터와도 잠자리가 가능한 팜므파탈 같은 캐릭터로 소비되곤 한다. 하지만 〈곤 홈〉은 10대 레즈비언 이야기를 다뤘고, 게임이라는 매체로도 이런 이야기를 충분히 전달할 수 있음을 보여주었다(이런 퀴어의 서사는 이후 〈라이프 이즈 스트레인지〉로 이어진다. 두 게임 모두 음악이 주된 키워드로 작용한다는 점 또한 닮았다). 그럼에도 주류 게임의 흐름과 다르다는 특이점 때문에 게이머게이트 사건 때 끌려나와, 조이 퀸과 친분이 있어 좋은 평가를 받았다는 악의적인 비난을 받기까지 했다.

〈허 스토리〉 또한 게이머들 사이에서 유사한 비판을 받았다. 이 게임은 단순한 비디오 모음집일 뿐 게임이 아니라는 주장이 비판의 핵심이었다. 그러나 영상을 얻기 위해 몇 초간의 영상 클립으로부터 키워드를 추론해 검색하고 이야기를 만들어내는 과정에서 플레이어는 성공과 실패를 겪으며, 이를 통해 머릿속에서 이야기의 지도를 만들어간다. 그 과정 또한 엔터테인먼트적 요소에 해당한다고 볼 수 있지 않을까.

〈곤 홈〉의 마지막 부분에서 주인공은 여성이라는 사실을 알 수 있고, 〈허 스토리〉의 주인공은 영상에서 계속 비춰주던 인물의 딸이라는 사실을 알 수 있게 된다. 두 게임에서 남성은 부가적인 존재나 소재로만 언급될 뿐 직접 등장하지 않으며, 게임 내내 여성 청자인 '주인공'은 여성인 '진짜 주인공'의 이야기를 담담하게 듣는다.

'누군가의 이야기를 듣는다'는 행위는 사회적으로 보통 여성에게 기대되는 역할이다. 어떤 스토리를 직접 성취하는 것이 아닌 듣는 행위가, 심지어 자신과 다른 성별들이 메인이 되어 만든 이야기들이 어떤 사람들에겐 공감할 수 없는 요소가 되었기에 이 두 게임이 게임이 아니라는 비판을 들은 것은 아닐까? 〈곤 홈〉과 〈허 스토리〉는 다른 게임에서 보기 힘든 방식으로, 누군가의 방해나 맨스플레인 없이 여성의 이야기를 담담히 풀어나갔고, 이후 관찰자의 시선으로 진행하는 다른 많은 게임들이 발매되는 계기가 되었다.

드래곤 에이지:
인생을 뒤흔든 게임을 만나다

RPG에 관심 있는 게이머라면 바이오웨어의 〈드래곤 에이지〉 시리즈를 한 번쯤 들어본 적이 있을 것이다. 미국의 게임 전문 웹진 《폴리곤(Polygon)》에 따르면, 웨스턴-RPG 장르〈디아블로〉, 〈스카이림〉 등 서구권 RPG를 뜻함를 즐기는 여성 게이머의 비율은 평균 26%인데, 〈드래곤 에이지: 인퀴지션〉의 경우 48%에 달했다. 그렇다면 〈드래곤 에이지〉 시리즈는 어떤 점에서 여성 게이머 친화적이었을까?

─── ★ 뭔가 다른 시작

〈드래곤 에이지: 오리진〉에서 주인공은 자신의 성장 배경을 고를 수 있다. 귀족이 될 수도 있고, 떠돌이 엘프로 시작할 수도 있다. 지하의 드워프 왕족이거나 온 사회가 공포에 떠는 마법사가 될 수도 있다. 다양한 종족과 직업은 그 세계에서 각 종족의 사회적 위치나 주요 이슈들을 간접적으로 설명해준다.

도시 엘프 여성으로 게임을 시작하면, 이 세계의 엘프들은 이등 시민이며 노예에 가까운 취급을 받고 있음을 알 수 있다. 엘프 보호구역에 거주하는 주인공은 자신의 합동결혼식에 난입한 인간 귀족에 의해 다른 엘프 여성들과 함께 강제로 끌려가게 되며, 저택을 탈출하려 한다. 주인공이 탈출하는 과정에서 우리는 몇 가지 흥미로운 사실을 알 수 있다.

1. 퀘스트를 진행하는 동안 강간 위협을 하는 대사들이 등장하지만, 비슷한 다른 게임들과는 달리 주인공이나 다른 NPC들이 성적으로 학대당하는 장면은 등장하지 않는다.
2. 주인공이 감옥에서 경비병에게 위협당할 때, 사촌인 소리스(남성)가 칼을 들고 등장한다. 위기에 빠진 여성을 구원하는 남성의 등장으로 보일 법한 이 장면은, 자연스럽게 소리스가 주인공에게 칼을 던져주면서 역전된다(심지어 주인공에게 칼 쓰는 법을 알려준 사람은 어머니이다!).
3. 주인공이 친구를 구하려고 저택을 떠돌다 귀족을 만나는 대목에서 "여자 주제에 감히!"라는 대사를 듣는 대신, 피투성이가 된 주인공을 본 귀족이 상황을 재빨리 파악한 후 돈으로 협상을 시도한다.

도시 엘프 스토리에서 바이오웨어는 자칫 자극적으로 소모될 수 있는 소재를 이용했지만, 여성 유저들에게 불편함을 주지 않은 채로 이야기를 매끄럽게 이끌어나갔고, 이 사건 이후 주인공이 더 이상 해당 보호구역에서 살 수 없게 되어 모험을 떠나게 되었다는 식으로 자연스럽게 동기를 부여한다.

── ★ 안드라스테: 역전된 신화

'챈트리'는 〈드래곤 에이지〉의 배경이 되는 남부 테다스 전반을 지배하는 종교다. 현실의 어떤 종교와 유사해 보이는 이 종교 집단에 전해 내려오는 '안드라스테 이야기'는 일종의 역전된 이야기다.

창조주의 계시를 받은 안드라스테는 신의 뜻을 전파하기 위해 자신의 남편과 군대를 일으켜 테빈터 제국에 맞서 싸운다. 기적과 같은 승리를 여러 번 경험하지만, 그의 남편은 사람들이 안드라스테와 그의 창조주만을 따르는 것을 점점 질투하게 되고, 결국 질투에 눈이 멀어 안드라스테를 제국에 팔아넘긴다. 배신당한 안드라스테는 화형당하지만, 불에 타는 안드라스테를 본 집행인과 사람들은 신의 뜻을 깨닫고 감화된다.

많은 종교에서 질투나 유혹의 대상으로 약하게 그려지던 여성은 남성으로 뒤바뀌었다. 그뿐인가. 챈트리에서 고위 성직자(교황이나 대주교, 주교 등)는 오직 여성만이 될 수 있다. 신화에서 안드라스테는 창조주의 신부로 묘사되지만, 일반적으로 생각되는 신부의 이미지와 달리 도시 곳곳에서 검을 들고 서 있는 안드라스테의 조형물을 더 많이 볼 수 있다. 안드라스테는 비록 화형으로 최후를 맞이했지만 마녀나 성녀로 그치지 않고 종교의 선지자이자 아이콘이 되었으며, 이 종교는 세 개의 시리즈에서 핵심 요소가 되어왔다.

── ★ '다름'을 드러내는 여성 주인공

〈드래곤 에이지: 인퀴지션〉은 긴 전쟁 중이던 두 단체가 평화 회담을 위해 모여 이야기를 나누던 장소가 알 수 없는 원인으로 폭발하는 장면에서 시작한다. 폭발의 유일한 생존자이자 폭발로 기이한 능력이 생긴 주인공은 그 능력 탓에 안드라스테의 전령으로 취급받으며, 교황의 최측근들은 혼란 상태에 빠진 대륙을 진정시키기 위해 챈트리와 상의 없이 독자적으로 '인퀴지션(이단심문관)'이라는 단체를 발족시킨다.

인퀴지션은 주된 적인 코리피우스를 막기 위해 군대를

모으고, 대륙 전역에 발생하는 이상 현상들을 복구하며 점점 세력을 불려나간다. 이 과정에서 '신의 전령'이라는 소문의 주인공을 만난 사람들은 주인공을 숭배하기도 하고, 때로는 인퀴지션을 혹세무민하는 단체로 취급하면서 주인공을 적대하기도 한다. 챈트리에서는 그런 움직임을 주시하고 있으며, 모든 국가는 인퀴지션의 동향을 지켜보고 있다.

임무를 내리고 작전을 할당하는 '워 테이블'에서는 대륙의 지도를 테이블에 펼쳐놓고 주요 조언자들이 모여 향후 작전에 대해 토론한다. 주인공을 여성으로 선택해 플레이한다면 전술과 병참을 담당하는 컬렌을 제외하고는 모두

▲
〈드래곤 에이지〉 속 작전 토론. 전술과 병참을 담당하는 컬렌을 제외하고는
모두 여성으로 구성되어 있다는 사실을 알 수 있다.
자료: 바이오웨어.

여성으로 구성되어 있다는 사실을 알게 될 것이다. 외교 담당도 첩보 담당도 여성이며, 조언자인 마법사도, 조직이 자리 잡기 전까지 조언을 담당하던 사람도 여성이다. 게임을 플레이하는 동안 이런 구도는 굉장히 자연스럽게 형성되기 때문에 언뜻 보면 이상한 점을 전혀 느끼지 않을 수도 있다. 하지만 게임이 중반에 접어들 때쯤 이루어지는 '여성' 동료 캐릭터와의 대화는 '여성 주인공'이 처한 상황을 인식시켜준다.

생각해보십시오. 오래전 안드라스테가 그랬던 것처럼, 테다스의 운명은 다시 한번 여성에 의해 결정될 겁니다. 그 생각을 하면 당신을 알게 된 것이 자랑스러워집니다.

세 편의 시리즈에서 코덱스게임 속에서 설화, 전설, 이야기, 보고서 등의 형태로 게임 속 세계관을 보충해주는 문서의 일종. 서적이나 편지 등으로 게임 속 세계에 배치되어 원하는 때에 읽을 수 있다나 주변 사람들의 대사를 통해 간접적으로 이야기되던 안드라스테의 신화는, 커다란 전투가 있기 전 동료 캐릭터를 통해 직접적으로 언급되면서 게임은 대륙의 역사가 다시 한번 '여성'에 의해 쓰여질 것이라고 강조한다. 그동안 다른 게임에서 성별에 따른 차이를 지워 주인공에게 평등함을 부여했다면, 이 게임에서는 주인공이 성별에 따른 '다름'을 드러내도록 함으로써(심지어 남성 주인공일 때는 동일한 상황에서 이런 대사를 하지 않는다!) 여성인 플레이어가 여성인 주인공을 플레이할 때 좀 더 몰입할 수 있도록 도와준다.

이 대사에 대해 플레이어는 여러 반응을 할 수 있다. 그 선택지 중 "단지 내가 성별이 안드라스테와 같다는 이유만으로 그런 얘길 하는 거면 좀 …" 같은 식으로 한번 짚고 넘어갈 수 있는 것 또한 재미있는 점이라 볼 수 있다.

─── ★ **어머니와 딸의 이야기**

〈드래곤 에이지〉 시리즈에서는 중년부터 노년까지 많은 여성 캐릭터들이 등장한다. 이 캐릭터들은 누군가의 어머니, 누군가의 연인으로 끝나지 않고 때로는 메인 빌런이 되기도 하고, 조직을 위한 가치를 추구하다가 중대한 실수를 저지르기도 하며, 주인공의 주요 조언자가 되기도 한다.

영웅을 소재로 하는 많은 영화나 미디어에서 아버지와 아들의 관계는 익숙한 이야깃거리다. 둘은 유례없는 좋은 친구가 되거나, 아버지의 의지를 자식이 계승하기도 하며, 아버지가 때로는 아들이 넘어야 하는 거대한 산이 되기도 하는 등 남성 주인공의 배경에 깔린 (유사) 부자관계에 관한 서사는 창작물에서 중요한 요소 중 하나가 되어왔다.

드래곤 에이지 시리즈에 등장하는 플레메스는 자신의 딸인 모리건을 어릴 때부터 혹독하게 가르치며 세상을 의심하면서 살아가는 방식을 알려준다. 플레메스의 교육을 매우 훌륭하게 학습한 모리건은 숨어 살던 자신을 세상에 내보낸 플레메스의 진짜 목적을 의심하는 데 이르고, 플레메스가 자신의 몸을 빼앗으려 한다는 사실을 알게 된다. 〈드래곤 에이지: 오리진〉에서는 플레이어가 모리건의 요청을 받아 플레메스를 죽이는 선택도 가능하다.

그러나 죽인 줄로만 알았던 플레메스는 여전히 살아 있었고, 〈드래곤 에이지: 인퀴지션〉에서 주인공에게 도움을 주러 왔던 모리건은 어떤 사건으로 원치 않게 플레메스를

〈드래곤 에이지〉 매 시리즈에서 플레메스(왼쪽)는 플레이어의 길잡이가 되기도, 적이 되기도 했다.
플레메스와 모리건(오른쪽)의 모녀관계는 긴장감이 넘친다.
자료: 바이오웨어.

만나게 되며 둘의 대립은 절정에 달한다. 어머니와 딸의 좋지만은 않은 관계는 개인적 차원에서 끝나지 않고 테다스 대륙의 신화와 연결되면서 더 많은 이야기를 이끌어낸다. 시리즈 내내 플레이어와 모리건에게 의심의 여지를 남겨주던 플레메스의 의도는, 〈드래곤 에이지: 인퀴지션〉 후반부에서 플레메스가 자신에게 저주를 퍼붓는 모리건을 떠나며 하는 말로 분명해진다.

혼은 원치 않는 자에게 강제로 임하지 않는단다. 모리건, 난 네게 위협이었던 적이 없었어.

그동안 우리는 많은 환상 세계를 다룬 미디어 속에서 아버지와 아들만의 이야기를 수없이 보았다. 아버지-남성 멘토는 주인공에게 절대적인 존재이거나, 거부하고 극복해야 하는 대상이었고, 지금의 주인공이 형성되기 위한 모든 것을 상징하는 존재였다. 둘만의 이야기 속에서 여성은 영웅을 보조하는 역할이었을 뿐이다. 그러나 우리는 그런 캐릭터들의 성별이 바뀌는 순간 이야기들이 얼마나 풍부해질 수 있는지에 대해 드물지만 강렬한 경험을 했으며, 이미 그런 기억을 갖게 된 이상 과거로 돌아가기는 쉽지 않다.

여러 번 말했지만 우리에게는 누군가의 보조적인 역할로 그치지 않고 자신의 욕망에 따라 움직이는 좀 더 많은 여성 캐릭터들의 서사가 필요하다. 마법을 쓰고 용이 날아다니며 요정들도 살고 있는 게임 속 세상에서 이루어지기 불가능한 꿈을 꾸는 것도 아니지 않나.

라이프 이즈 스트레인지:
여성 주인공과 피해자 이야기*

시간을 여행하는 소재와 관련된 창작물은 영화, 소설, 게임 등 여러 매체에서 흔하게 볼 수 있다. 자유도게임 속 서사가 영화나 소설처럼 한 가지 이야기로 고정되어 있어 플레이어가 따라가는 것이 아니라, 플레이어의 선택에 따라 다른 결과를 보여주는 이야기 진행 방식. 크게 스토리적인 측면과 게임적인 측면이 있는데 여기서는 스토리적인 측면을 가리킨다를 중시하는 게이머라면 "당신의 작은 선택이 미래에 큰 영향을 줍니다"라는 문구는 굉장히 매력적인 요소로 느껴질 것이다. 〈라이프 이즈 스트레인지〉(이하 LIS)는 어

---

* 이 글에는 〈라이프 이즈 스트레인지(Life is strange)〉 게임의 스포일러가 포함되어 있습니다. 게임을 하실 계획이 있다면 반드시 플레이 후 읽기를 권장합니다.

드벤처 장르나 영화 같은 전개를 좋아하는 사람이라면 게임이라는 매체에 익숙하지 않아도 한 번쯤 플레이해볼 가치가 있다.

주인공 맥스는 내성적이지만 사진에 대한 재능과 열정이 있는 고등학생이다. 동경하던 제퍼슨 선생님의 수업을 들으며 다가오는 공모전에 어떤 사진을 내야 할지 고민하던 날, 어릴 적 절친했던 친구인 클로이가 죽음의 위험에 빠진 순간을 우연히 목격하게 된다. 그 상황에서 시간을 돌려 클로이를 구해주는 것을 시작으로 맥스의 이상한 능력이 발현되기 시작한다.

'시간을 돌리는' 맥스의 능력은 게이머에게 아주 많은 단서를 줄 수 있다. 누군가와 대화를 나눌 때 선택할 수 없던 선택지도 대화를 마친 후 시간을 되돌리면 방금 얻은 정보를 이용해 더 좋은 결과를 이끌어낼 수 있다. 모임이 끝난 후 집으로 돌아오는 길에 '이런 사실을 알았으면 이런 얘길 했을 텐데!' 하며 한 번쯤 후회한 적이 있다면 게임 속에서는 그 타이밍에 아낌없이 시간을 돌려 선택지를 바꾸면 된다.

LIS에서 메인 이야기가 급격히 전개되는 부분은 맥스의 시간 되돌리기 능력이 적극적으로 사용될 때다. 이는 반대로 맥스가 능력을 사용하지 않는다면 이후의 전개들도 일어나지 않는다는 말이다. 이런 사실을 증명이라도 하듯, 맥스가 시간을 되돌릴수록 맥스가 살고 있는 아카디아만에는 이상 현상이 발생하기 시작한다. 고래의 사체가 해안에 떠밀려 오거나, 갑자기 죽은 새들이 여기저기 널브러져 있다. 능력을 심하게 쓸수록 몸에도 무리가 와서 맥스는 어지럼증을 느끼거나 코에서 피를 흘린다.

이런 전개 방식은 영화 〈나비효과〉와 매우 유사하다. 두 주인공 모두 시간 여행을 할 수 있는 매개체가 존재하며(맥

▲
〈LIS〉 속 맥스(왼쪽)와 클로이.
어릴 적 절친했던 친구인 클로이가 죽음의 위험에 빠진 순간을 우연히 목격한 맥스가 시간을 돌려 클로이를 구해주었던 것을 시작으로 맥스의 이상한 능력은 발현되기 시작한다.
자료: 돈노드 엔터테인먼트.

스는 사진. 에반은 일기), 시간을 돌릴수록 주인공이 예상할 수 없는 방식으로 상황이 악화되어간다. 영화 〈나비효과〉에서 과거를 바꾸려고 시도하다 우체통 다이너마이트 사건으로 몸 일부를 잃는 에반의 모습은, LIS 챕터 3에서 맥스의 시간 되돌리기로 바뀐 클로이의 모습과 유사하다. 결말에서 에반은 탯줄을 감아 능력을 가진 자신이 스스로 사라지는 것을 택하고, 맥스는 말 그대로 나비효과 때문에 폭풍우가 다가온 아카디아만에서 시간을 되돌려 처음 능력이 발현되었던 클로이의 첫 번째 죽음을 방관하는 것으로 연결고리를 끊게 된다. (물론 다른 선택지도 존재한다.)

하지만 이와 같은 시간 여행물의 클리셰는 주인공이 '여성'이 되면서 특이성을 갖는다. LIS를 하며 절대 놓치면 안 되는 부분 중 하나는 LIS에서 묘사되는 캐릭터들의 모습과 그들 간의 관계성이다. 우선 기본적인 타임라인은 다음과 같다.

1. 맥스와 클로이는 어릴 적부터 함께 어울렸던 소꿉친구이다.
2. 클로이의 아버지가 사고로 사망하고, 장례식 중에 맥스는 부모님과 이사를 한다.
3. 고립감을 느낀 클로이는 상처가 회복되기 전에 의붓아버지를 만나며 엇나가기 시작한다.

4. 그때 만난 레이첼은 클로이의 안식처가 되며 레이첼은 클로이를
   사랑(혹은 동경)하게 된다.
5. 둘은 이 도시를 함께 떠날 계획이었지만 어느 날 레이첼이 실종되었다.
6. 클로이는 오랜만에 만난 친구 맥스가 시간을 돌리는 능력이 있다는
   것을 알게 된다.
7. 둘은 레이첼을 찾기 위해 조사하며 그 과정에서 옛날처럼 서로를
   의지하게 된다.
8. 사건의 진상에 다가갈수록 둘은 레이첼이 단순히 실종된 것이 아니라
   성범죄와 연관되어 있다는 사실을 눈치채게 된다.
9. 다음 희생자가 누구인지 알아차리고 그것을 막기 위해 둘은 사건이
   예정된 현장으로 향하는데 …

LIS에서 주로 언급되는 여성 캐릭터는 케이트, 레이첼, 클로이 셋이다(맥스는 주인공이니 제외한다). 세 캐릭터는 현실에서 성폭력이나 강간이 발생했을 때 사람들이 여성 피해자들을 어떤 시각으로 대하는지 보여준다.

이야기의 시작이 되는 '레이첼 실종 사건' 속 레이첼의 존재는 한혜원의 구분에 따르면 디지털 서사의 '사라진 여인' 타입이다.[5] 이 타입은 보통 순결하거나 순진한 성격의 소유자로 설정되어 있고, 일반적으로 주인공과 긴밀한 관계를 맺고 있어 주인공이 복수를 위해 움직이는 동기가 되며, 이 과정에서 주인공의 폭력을 정당화한다. 그러나 '사

라진 여인'의 보편적인 이미지 타입과 달리 레이첼은 성적으로 무결하거나 순수한 성격이 아니며, 그의 실종은 주연인 맥스보다는 히로인인 클로이에게 더 강한 동기부여가 된다. 맥스와 클로이는 레이첼에 대한 세간의 평가가 어떻건 끝까지 레이첼을 찾으려 하며, 레이첼의 죽음을 알게 된 후 복수를 위한 클로이의 움직임은 결과적으로 공권력의 개입을 통해 이루어진다.

맥스와 같은 수업을 듣는 케이트는 레이첼과 같은 사건을 겪었지만 살아남은 희생자이다. 독실한 기독교 가정에서 자라 소심한 성격이며, 사건을 겪은 뒤 자신이 촬영된 비디오나 웹사이트 주소가 학교에 유포되어 친구들에게 집단 괴롭힘을 당해 결국 자살(선택지에 따라 자살 시도에 그치

▲
〈LIS〉에서 주로 언급되는 여성 캐릭터 레이첼, 케이트, 클로이(왼쪽부터)
자료: 돈노드 엔터테인먼트.

기도 한다)을 하게 되는 피해자다. 맥스는 시간 되감기 능력을 최대한 활용해 케이트의 자살을 막을 수 있는데, 이전 에피소드에서 케이트를 위로할 때 케이트에 대해 잘 알아두지 않는다면 피상적이고 표면적인 위로만 하게 되어 아무리 시간을 돌려도 케이트를 살릴 수 없다. 맥스는 얻어낸 다른 정보를 통해 케이트가 원치 않은 사건의 피해자라는 사실을 알게 되지만, 맥스를 제외한 모든 인물은 동영상에 남아 있는 케이트의 취한 모습, 즉 '피해자답지 않은 태도' 탓에 자살 사건이 터지기 전까지는 케이트를 진정한 피해자로 인정하려 하지 않는다.

게임의 핵심 인물이라 할 수 있는 클로이는 케이트와 같은 사건을 겪었지만 거기에 짓눌리지 않는다. 클로이는 케이트와 아주 대조적인 모습을 보이는데, 약을 먹여 자신을 취하게 한 후 사진을 찍은 네이선에게 위축되지 않고 직접 찾아가 항의하며, 자신 때문에 일을 망치고 싶지 않거든 돈을 내놓으라고 협박하기도 한다. 클로이의 평소 행실 탓에 마을에서는 클로이를 모두 문제아 취급하며, 클로이 본인도 마약을 하고 있으므로 경찰이나 공권력이 자신에게 도움을 줄 것이라 믿지 않는다. 피해자이지만 스스로 싸우기 위해 전면으로 나서며, 해당 사건이 클로이에게 어떤 트라우마를 자극하거나 하지도 않는다.

학교 곳곳에 붙어 있는 실종자 포스터의 주인공인 레이 첼과 클로이, 그리고 맥스의 관계는 단순한 친구 이상이다. 클로이의 비밀 아지트에는 클로이와 레이첼 이름이 새겨 져 있고, 맥스는 한동안 그것을 바라보다 묘한 감정을 느끼 며 자신의 이름을 덧새긴다. 레이첼이 다른 남자와 교제하 고 있었음을 알게 된 클로이는 큰 충격을 받지만, 그래도 레이첼을 찾는 일을 포기하지 않는다. 사건 조사 과정에서 클로이와 맥스는 각각의 역할을 해내며 동료이자 친구, 혹 은 연인으로서 행동을 함께한다. 게임 속 히로인과 주인공 의 권력관계는 일반적으로 한쪽으로 기울어지기 쉽지만, 둘은 게임 내내 어느 쪽으로도 기울어지지 않은 채 균형을 맞춰 움직인다.

제작사 돈노드에서 이 게임을 가지고 여러 퍼블리셔(배 급사)를 찾았을 때, 퍼블리셔들은 주인공 '맥스'가 지나치게 평범한 성격과 외모로 매력이 없는 '여성'이라서 잘 팔리지 않을 것이라 생각했고, 남자로 성별을 바꿀 것을 요구했다 고 한다(스퀘어 에닉스나 EA 등 퍼블리셔 산하 스튜디오에서 게임 이 자체적으로 제작되는 경우도 있지만, 퍼블리셔와 제작사가 분리 된 채로 계약을 맺은 후 제작비를 지원받아 게임을 제작하기도 한다). 물론 다른 퍼블리셔(스퀘어 에닉스)를 통해 수정 없이 발매된 LIS는 우려와 달리 큰 인기를 끌었다.

맥스가 남성이었다면 어땠을까? 앞의 관계도는 완전히 뒤바뀔 것이다. 레이첼과 클로이의 특이한 관계성은 단순히 맥스의 여자친구가 될 클로이에게 신비스러운 매력을 더해주는 장치에 지나지 않을 것이며, 평범한 삶을 살던 남성 주인공이 매력적이고 제멋대로인 여성 클로이에게 휩쓸려가는 서사가 쉽게 완성될 것이다.

폭력에 대한 관점도 상당수 변할 것이다. 신체적 폭력이 거의 나오지 않는 LIS에서 맥스의 친구인 워렌(남성)이 맥스를 위기에서 구하려고 폭력을 쓰는 장면이 딱 한 번 나오는데, 맥스는 그 상황에서 통쾌함을 느끼기보다는 워렌의 낯선 모습에 두려움을 느낀다. 주인공이 남성이었다면 이런 폭력은 주인공이 시련을 이겨내기 위해 직접 사용하거나, 가해자를 응징하기 위한 수단으로 쓰였을 것이다.

그럼에도 불구하고 몇몇 장면에서는 아쉬움이 남는다. 에피소드 4인 '암실'에서는 다소 충격적인 이야기를 들을 수 있다. 맥스는 이름별로 정리된 피해자들의 사진첩을 발견하게 되는데, 사진첩 안의 사진들은 전부 약에 취해 죽어가거나 넋이 나간 피해자들의 모습이다. 악당 캐릭터의 사이

코패스 같은 점을 극대화하기 위한 장치라는 사실은 명백하지만 과한 감이 있었다. 플레이어는 맥스를 조작해 피해자들의 사진을 확대된 이미지로 볼 수 있는데, 주인공들이 청소년이라는 점을 감안하면, 관음적으로 보일 수도 있는 이 장면을 클로즈업 샷으로 자세히 보여줄 필요가 더더욱 없었다.

에피소드 5 '양극화되다'에서는 범인에게 잡힌 맥스의 상황이 지나치게 노골적으로 그려졌다. 아무리 악당 캐릭터를 묘사하기 위해서라지만, 주인공이 되어 선택지를 골라 진행하는 어드벤처 게임의 특성상 주인공의 입장에 어느 정도 감정을 이입할 수밖에 없다는 점을 간과한 듯하다. 에피소드 5에서는 불편한 상황을 탈출하기 위해 맥스가 벌이는 노력에도 불구하고, 맥스가 여러 차례 시간을 돌리는 과정에서 범인에게 감금되어 탈출하기 위한 장면을 다른 각도와 구도로 여러 번 반복하게끔 되어 있으며(다시 한번 말하지만, 주인공은 청소년이다!), 간접적으로라도 비슷한 경험이 있는 유저들에게는 쿠션 기능을 제대로 해주지 못했다.

이런 점만 제외하면 LIS는 정말로 괜찮은 게임이다. 맥스는 특수한 능력을 지닌 주인공임에도 폭력적인 수단으로 문제를 해결하지 않는다. 또한 청소년 문제에 관한 사실적 묘사는 한 번쯤 실제 현실과 비교하며 생각해보도록 만든다. 게임 속에 등장한 피해자들은 구석에서 움츠린 채 누군가의 구원만을 바라고 있지 않는다. 이 게임에서 여성들은 적극적인 존재로 그려지며, 초반에 움츠러들었던 피해자인 케이트도 자신의 상처를 극복하고 나아가는 등 희망적으로 묘사된다.

다른 여러 게임처럼 속도감을 강요하지도 않는다. 게임을 플레이하는 동안 플레이어는 느긋하게 LIS의 공간 이곳저곳을 돌아볼 수 있다. 맥스가 앉아서 기타를 치거나, 사색할 수 있는 공간이 있어서 플레이어가 이 세계에 쉽게 녹아들거나 적응할 수 있도록 도움을 준다. 에피소드가 끝날 때마다 몇 개의 사진을 수집했는지 보여주는 다이어리는 시간에 쫓기지 말고 게임 속 세계를 돌아보라고 권유한다. 물론 이런 식으로 둘러본 정보들은 이후에 다른 캐릭터들과 대화할 때 아주 커다란 단서가 되기도 한다.

매 에피소드마다 플레이 후반부에는 다른 플레이어들의 선택을 통계로 보여주는데, 전 세계 플레이어나 자신의 친구들은 어떤 선택을 했는지 비교해보고 결과를 확인할 수 있는 소소한 즐거움이 있다.

슈팅 게임:
나의 총 쏘는 게임 적응기

게임의 역사에서 이른바 '총 쏘는 게임들' 슈팅 게임을 뜻하며, 1인칭 시점

에서 총기를 이용해 전투를 벌이는 FPS(First-person shooter) 게임과 3인칭 시점의 TPS(Third-Person

Shooter) 게임을 총칭은 큰 축을 담당하고 있다. 대체할 수 있는 다른
장르의 게임들이 존재하는 환경에서 '총 쏘는 게임들'은 내
가 피하는 장르 중 하나였다. 〈앤섬(Anthem)〉이 발매되기
전까지는. 그것도 무려 공식 한글로. 그럴싸한 티저 트레일
러와 함께 〈드래곤 에이지〉 시리즈의 후속작 출시 여부는
〈앤섬〉 프로젝트의 성공 여하에 따라 달라질 수 있다는 자
조적인 농담도 들려왔다(〈앤섬〉과 〈드래곤 에이지〉는 같은 제작
사에서 발매되었다). 두 게임의 퍼블리셔인 EA는 여러 회사

를 공격적으로 인수한 뒤 그 회사의 단물만 빨아먹고 실적
이 좋지 않으면 해산시키는 것으로 유명한 곳이었다. 그래
서 반은 팬심으로, 반은 호기심에 게임을 시작하게 되었다.

──★ 생각보다 할 만한데?

발매일에 살짝 겁을 먹었던 것에 비해 게임은 할 만했
다. 아이언맨의 전신슈트 같은 옷을 입고 하늘을 날아다니
는 쾌감은 짜릿했고, 캐릭터의 직업에 따라 '지나치게' 총
쏘는 게임 느낌도 나지 않아 적응하는 데 무리가 없었다(총
을 쏘는 게 낯설면 빠르게 칼을 쓰는 닌자 같은 캐릭터를 해도 되고,
둥둥 떠서 마법을 쓰는 듯한 느낌의 캐릭터도 할 수 있었기 때문이

▲
〈앤섬〉의 여성 캐릭터들은 곳곳에 자연스럽게 배치되어 있다.
자료: 바이오웨어.

다). 캐릭터의 명가 소리를 듣는 바이오웨어답게 다양한 매력의 캐릭터들이 인터미션 사이사이 눈길을 끌었다. 여성 캐릭터들이 핵심 역할을 맡고 있었으며, 게임 속 NPC들은 다인종으로 구성되어 있었다. 무척 만족스러웠다.

그러나 〈앤섬〉은 게임이다. 메시지도 중요하지만, 기본적으로 사람들이 재밌게 즐길 수 있어야 한다. 제작사 바이오웨어는 슈팅 게임의 명가는 아니었다. 캐릭터가 아무리 매력적이라 한들 긴 로딩을 기다렸다가 10분 정도 총을 쏘고, 또 임무가 끝나면 긴 로딩을 기다렸다가 잠깐 말을 걸고 다시 로딩을 기다려서 … 이런 식으로 게임하는 것을 좋아하는 사람은 없다. 다른 오픈월드 게임^{높은 자유도를 기반으로 플레이의 제약이 거의 없는 게임}들처럼 목적지에 간 김에 이것저것 다른 것들을 하고 싶어도 불가능했다. 게임 곳곳에는 있어야 할 것 같은 물건들이 비어 있는 느낌이었다. 버그는 많았고, 발매 직후에는 게임을 하면 플레이스테이션 4가 먹통이 된다는 치명적인 하드웨어 이슈까지 터졌다.

그 와중에 게임 업계의 크런치^{신작 발매 스케줄을 맞추려고 야근 등을 통해 개발자들을 혹사시키고 갈아 넣는 게임 업계 특유의 악습} 리스트가 인터넷에 공개되었는데, 그중엔 바이오웨어도 포함되어 있었다. 제작사 안팎에서 들려오는 연이은 핵심 인력 퇴사 소문과 크런치 피해 사례는 내가 내러티브에서 느꼈던 재미와는 별개로 게임에 대한 애정이 줄어들게 만들었다. 〈앤섬〉은 만들다 만 게임이라는 사실을 인정할 수밖에 없었다. 버그가 잡히고 안정화가 된 상태에서 게임을 다시 해야겠다는 판단이 섰다. 그리고 2019년 4월 25일, 안타깝게도 〈앤섬〉의 대규모 업데이트가 무기한 연기되었다는 소식이 발표되었고, 프로젝트를 살려보려는 노력이 지속적으로 있었지만 개발에 참여했던 핵심 개발자들이 속속 빠져나갔다는 소식이 들려왔다. 그 와중에 주변에서 〈앤섬〉을 재미있게 했으면 〈디비전 2〉도 재미있을 것이라고 이야기해주었다.

──── ★ 도대체 이게 뭔 소리야?

〈디비전 2〉는 바이러스로 황폐화된 워싱턴 D.C.를 돌아다니며 다양한 세력에 맞서는 요원들의 이야기이다. 〈앤섬〉에서도 비슷하게 총을 쏘고 물건을 주웠으니 〈디비전 2〉도 적응하기 쉬울 거라는 개인적인 기대는 게임을 켜자마자 산산이 부서지고 말았다. 총이라고 해봐야 저격총, 그냥 총, 권총 정도밖에 모르던 내게 낯선 용어들이 쏟아지기 시작했기 때문이다. 소총은 왜 돌격소총과 그냥 소총으로 구분되어 있는지, 기관단총과 경기관총은 또 어떻게 다른 지, 명중률은 왜 있고(총이라는 건 그냥 과녁에 맞게 쏘면 맞아야 되지 않나? 그게 빗나갈 수도 있단 소리인가?) 안정성은 도대체 무슨 소린지! 결정적으로 나는 3D 멀미까지 있다. 웃긴 건 하늘이 보이는 야외를 대낮에 돌아다닐 때는 멀미를 하지 않는데, 어둡고 밀폐된 건물 안에서 물건을 찾거나 한밤중에 잘 보이지 않는 곳을 헤집고 돌아다닐 때는 멀미 증상이 심해진다. 똑같은 총을 쏘더라도 〈오버워치〉 때는 멀미를 안 했는데!

이쯤 되니 나 혼자서만 FPS나 TPS 장르를 어려워하는 건가 싶어 여기저기서 자료를 찾기 시작했다. 2017년에 발표된 논문[6]에 따르면, 많은 여성 게이머들이 FPS나 TPS를

▲
〈디비전 2〉의 한 장면. 게임을 막 시작하면 낯선 용어에 당황하게 된다.
자료: 유비소프트.

기피하고 있다. 이에 관한 이유로 여러 가지 설이 있지만, 소재나 내러티브 자체에서 여성들이 몰입할 수 있는 요소가 매우 적고, 게임의 톤이 무거우며 어둡기 때문이라는 관점이 존재한다.

게다가 이 논문에 따르면 한국의 게이머들은 남녀 할 것 없이 '탱커', '딜러', '힐러'로 직업과 역할이 구분되는 MMORPG식 장르 구분에 친숙한 상태였다. 〈오버워치〉의 캐릭터별 포지션 분류는 기존 MMORPG에서 보던 익숙한 문법에 가까웠다. 캐릭터를 고르면 그 캐릭터가 할 일이 무엇인지 지시해주며, 무기 한 개만 가지고 시작하기 때문에 학습의 폭이 좁다. 게임의 전반적인 톤 또한 밝고 가볍기 때문에 이른바 '대중들에게 먹히는' 디자인이다. 반대로 〈디비전 2〉의 경우 다양한 무기 선택이 가능하고, 게임의 자유도가 높다. 자유도가 높다는 것은 초보자에게 오히려 장벽이 된다. 초보자 상태일 때는 뭘 어떻게 해야 할지조차 모르기 때문에 도와주는 사람이 없다면 워싱턴 D.C 한복판에 덩그러니 놓여 있는 상황이 되기 십상이다.

── ★ 내 몫을 하고 싶다

〈앤섬〉도 〈디비전 2〉도 '그 장르에 익숙하지 않은 사람'

이 혼자 플레이하기엔 쉽지 않은 게임이었다. 나는 내러티브와 게임 속 환경에 몰입될수록 게임을 재밌어하는 타입이다. 그러다 보니 혼자 느긋이 탐험하며 세계를 둘러보고, 환경을 통해 이야기를 수집하면서 게임 속 세계에 익숙해져야 그 게임이 재밌게 느껴졌다. 파티 플레이플레이어들이 소규모 그룹을 만들어 혼자 달성하기 어려운 목표를 해결하는 플레이 방법를 강제로 권장하는 게임의 경우, 게임에 대해 파악조차 하지 못한 상태에서 게임을 잘 알고 있는 사람들에게 휩쓸려가기 쉽기 때문에 현실적으로 이런 요소를 충족해주기가 어렵다.

결국 사람과의 플레이가 게임 진입에서 일종의 장벽이 되는 셈이다. 시스템에 익숙하지 않은 상태로 숙련자와 그룹을 맺어 게임을 하면 내가 어떤 기여를 했는지 모른 채 게임이 끝나버리는 경우가 많았다. 게임에 돌입하기 직전에 보여주는 짧은 동영상은 해당 스테이지를 클리어하는 목적이나 배경 스토리를 인식하게끔 도와주지만, 이미 그 부분을 통과한 다른 플레이어들이 내가 스토리를 읽으며 천천히 움직이는 동안 기다려줄지 알 수 없다(초보자가 동영상을 보고 있을 때 숙련된 다수의 플레이어들이 이미 한참을 앞서가고, 심지어 클리어까지 하는 상황은 다른 게임에서도 자주 발생한다). 이런 식으로 숙련된 플레이어와 파티를 맺어 게임을 쉽고 빠르게 클리어하게 되면 게임의 주된 동기 중 하나인 성취감을 느끼기도 전에 남들에게 끌려가는 느낌을 받게 된다.

그렇다고 혼자 돌아다니면서 게임을 하자니 무엇 때문에 죽었는지 알지도 못한 채 바닥에 눕는 경우가 반복되고, 그런 상황에선 누구를 탓할 정신도 없이 자기 자신에게 답답함을 느끼게 된다. 즉, '게임을 조작하지만 주도권은 없는' 상황이 발생한다. 이런 현상들은 초보자들이 게임에서 자연스럽게 멀어지는 데 기여하게 된다. 정말 가볍게 게임이나 해볼까 생각했던 사람들은 이 순간에 게임에 대한 흥미를 쉽게 잃을 것이다.

──★ 하다 보면 어떻게든 하게 되어 있어

여러 번 죽을수록 게임에 익숙해진다고 하던가. 플레이 타임이 길어지니 적어도 기관단총과 소총을 쏘는 타이밍 정도는 구분할 수 있게 되었다. 완전히 없어진 건 아니지만, 게임 패드로 하니 3D 멀미 증상도 줄어들었다. 조작법과 게임 속 세계에 익숙해지고 나니 비로소 게임 속 풍경이 눈에 들어오기 시작했다. 게임 속 세계관에 대한 이야기도 찾아보게 되고, 총알 세례를 피하느라 정신없어 듣지 못했

던 무전기 속의 음성(자막)이 보이기 시작했다. 처음 게임
에 쉽게 적응할 수 없었던 것은 짧은 순간의 미션 브리핑이
일차적으로 영어 음성으로 제공되고, 그것을 자막으로 거
쳐서 보기에 바로바로 전달되지 않는 탓도 컸으리라.

그렇게 게임에 대한 주도권을 갖게 되니 게임이 재미있
게 느껴지기 시작했다. 곳곳에 숨어 있는 열쇠를 찾고, 라
디오에 기록된 음성을 들으며 무슨 일이 있었는지 추측하
고, 무기를 조합하는 재미가 생겼다. 자연스럽게 게임을 플
레이하는 시간 또한 증가했다. 이런 장르에 조금은 익숙해

종말로 치닫는 세상 속에서 렘브란트의 〈자화상〉은 1000달러에서 100달러가 되었다가,
결국 물 한 병과도 바꾸지 못하는 의미 없는 재화가 되고 만다. 게임 속 배경 장치들은 게임의 진행에
필수적인 요소는 아니지만 게임 속 분위기를 추측하고 몰입할 수 있도록 도와준다.
자료: 유비소프트.

졌기 때문에, 나는 아마 이 경험을 발판 삼아 다른 '총 쏘는 게임'들에 쉽게 적응할 수 있을 것이다.

그렇지만 이는 내가 기본적으로 게임의 문법에 익숙한 게이머이기 때문이며, 게임 속 보상으로 더 강한 아이템을 얻는다는 행위에 의문을 품지 않은 상태이기 때문일 것이다. 만약 게임이라는 매체 자체에 익숙하지 않았다면 "더 좋은 총을 얻어서 더 강해지면, 그러고 나서 더 좋은 총을 얻으려고 싸우는 거야? 뭐하러?"라는 의문이 들 수도 있지 않은가.

이제 대형 프랜차이즈 게임들은 제작비 회수를 위해서라도 기존 게이머가 아닌 다양한 계층의 사람들이 불편함을 느끼지 않고 재미있게 플레이할 수 있는 요소들을 집어넣고 있다. 다양한 여성 캐릭터들을 배치하고, 백인 이성애자 남성 주인공이 아닌 캐릭터들의 이야기를 중심으로 서사가 펼쳐지며, 이야기에서 성차별적인 요소를 배제한다. 이는 분명 긍정적인 흐름이다. 그렇지만 해당 장르에 전혀 익숙하지 않은 사람들이 게임을 시작했을 때 그 게임을 지속적으로 플레이할 수 있도록 하는 방법은 어디까지 연구되고 있을까? 단순히 게임 속에서 난이도를 낮추는 것만으로는 해결할 수 없는 문제일 것이다. 슈팅 게임을 시작하며

수없이 낯선 용어들과 경험을 마주하는 동안 그런 의문이
남았다.

셀레스트
Celeste

매들린은 셀레스트산을 오르기로 마음먹었다. 거칠고 험난한 산은 저마다의 이유로 산을 오르려는 이들을 묵묵히 받아준다. 명확히 알 수는 없지만, 산을 오르고 나면 뭔가 변하지 않을까 하는 희미한 기대를 품으며 매들린은 첫걸음을 내딛는다.

주인공인 매들린은 우울증을 앓고 있다. 그는 자신의 병을 원망하고 부정하며 나아가 그것을 아예 없애려 한다. 그리고 어느 순간 깨닫게 된다. 그것은 자기 자신이며 없애거나 사라지는 것 또한 아니기에 인정하고 함께 가야 한다는 사실을. 그리고 이런 매들린의 대화는 같은 병을 앓고 있는 사람들에게 혼자가 아니라는 메시지를 준다.

이 게임에서 우울증에 빠진 사람은 단순히 나약하거나 흔들리기만 하는 존재로 묘사되지 않는다. 게임은 끊임없는 자신과의 대화이며, 마음의 병을 극복해나가기 위한 과정을 그리지만, 그 과정에서 지나친 자기 연민에 빠지지 않는다. 그리고 게임의 막바지에 매들린은 깨닫는다. 정상에 오르건 오르지 못하건 그 과

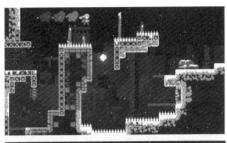

〈셀레스트〉 속 디자인은 현실의 직접적인 은유다. 우리는 끊임없는 장애물 한복판에서 길을 잃기도 하고, 결정적인 일이 발생하기 직전에 결과가 두려워 차라리 망쳤으면 좋겠다는 생각을 하기도 한다.
자료: 맷 메익스 게임즈.

정에서 일어난 많은 사건들은, 특히 자기 자신과의 대화와 갈등, 인정에서 나온 자신에 대한 온전한 이해는 더 나은 자신이 되어 앞으로 나아가게 하는 원동력이 된다는 사실을.

규칙과 방법

게임의 복잡한 난이도는 같은 행동을 수차례 반복하게 한다. 시작점에서 도착점까지 가기 위해서 적합한 루트를 찾아야 하고, 그러기 위해 여러 번 반복적인 경험을 해야 한다. 목표한 곳에 한 번에 도달하기는 결코 쉽지 않다. 이런 장르의 게임에서 실패란 주저앉는 배드 엔딩이 아닌 돌파구를 찾아내기 위한 여러 번의 시행착오다. 이 과정에서 플레이어는 성취감을 느낄 수 있기 때문에 몇 번의 실패에도 나도 모르게 '한 번만 더!'를 외치게 된다.

게임 속 디자인은 현실의 직접적인 은유다. 우리는 끊임없는 장애물 한복판에서 길을 잃기도 하고, 결정적인 일이 발생하기 직전에 결과가 두려워 차라리 망쳤으면 좋겠다는 생각을 하기도 한다. 목표를 향해 달리는 과정은 결코 쉽지 않다.

추천 포인트

플랫포머 장르(평면인 화면에서 점프와 액션 버튼을 이용하여 목표하는 지점으로 이동하는 것이 주된 목표인 게임. <마리오>, <악마성> 시리즈가 대표적이다)인 이 게임은 게임 속에서 여러 번 죽어가면서 목적을 달성해야 하는 <슈퍼 미트 보이>와 닮았다. 결코 쉬운 난이도가 아니라는 소리다. <슈퍼 미트 보이>가 여자친구를 구하기 위해 힘들고 거친 역경을 이겨내는 게임이라면, <셀레스트>는 벽을 세운 자기 자신과 대화를 꾸준히 시도하는 게임이다.

한 가지 다행인 점은 플랫포머 게임에 익숙치 않은 모두를 위해 '어시스트 모드'가 존재한다는 사실이다. 어시스트 모드는 여러 가지가 있는데 스테이지를 아예 건너뛸 수도 있고(그러나 이 경우 이벤트를 볼 수 없기 때문에 추천하지는 않는다), 매달리기나 점프력을 향상시켜주기도 한다. 심지어는 장애물에 찔려도 죽지 않는 모드까지 제공한다. 모두 켜놓은 상태로 게임을 한다면 무적에 가까운 상태로 빠른 시간 내에 엔딩을 볼 수도 있다. 물론 이 경우 게임이 전하는 메시지가 바로 와 닿지 않을 수 있으니 경험 삼아서라도 한 번쯤은 직접 플레이해보길 권장한다. 다양한 플랫폼으로 발매되어 있으나 비공식 한글 패치는 PC 버전에만 적용된다.

누구나 게이머가 될 수 있다

매장에 진열된 게임만을 선택할 수 있었던 과거와 달리, 스팀 플랫폼을 주축으로 한 다운로드 마켓은 소비자에게 도달하는 유통 단계를 획기적으로 줄여주었다. 자금력이 부족한 소규모 제작사도 시장 안으로 쉽게 진입할 수 있는 환경이 조성된 것이다. 소규모 인원이 모여 제작한 게임이 많은 사람의 주목을 받으며 큰돈을 벌기도 하고, 대형 게임 회사의 빡빡한 일정이나 업무 환경에 지친 개발자들이 '자신이 꿈꾸던 게임'을 만들기 위해 대형 게임 회사를 나와 자신의 회사를 차리기도 한다.

이렇게 발매되는 많은 인디 게임들은 좀 더 다양한 게임을 원하던 게이머들에게 선택지를 제공했다. 1990년대에 PC 게임 시장에서 유행했지만, 여러 이유로 더는 제작되지 않던 어드벤처나 퍼즐 장르의 게임들이 다시금 등장하기 시작했고, 전투나 경쟁보다 내러티브를 좋아하는 사람들이 몰입할 수 있는 게임들이 늘어났다.

해외의 인디 게임 개발의 붐 속에서 한 가지 주목해야 할 점은, 좋은 평가를 받은 인디 게임 중 상당수가 여성 주인공이 간판이거나 여성에 관한 이야기를 풀어나가는 게임들이라는 것이다. 이런 게임들은 여성 주인공의 부재에 갈증을 느꼈던 기존의 여성 게이머부터 새로운 관점을 원했던 남성 게이머까지 포용하며 게임 업계에 좋은 시너지를 만들어냈다. 주인공의 성비가 역전된 것도 아니고, 여전히 남성 게이머 위주의 시장에서 게임 속 주인공도 남성인 경우가 더 많지만, 그럼에도 불구하고 '잘 만든 게임'이 제시하는 지향점은 게임 개발을 꿈꾸는 사람들이나 제작 중인 다른 게임들에도 많은 영감을 제공했다. 이런 긍정적인 사례들을 기반으로 대형 프랜차이즈 제작사도 여성이나 성 소수자를 메인 캐릭터로 내세우는 게임들을 하나둘 발표하기 시작했다.

물론 해외 게임 업계가 긍정적으로 발전하고 있으니 국

내 게임업계도 스스로 좋은 방향으로 점차 발전할 것이라고 희망적으로만 추측하는 것은 시기상조다. 긍정적인 흐름이 이제 막 시작되면서 그 흐름에 각종 매체가 집중하자, 여성 주인공이나 여성 서사로 인해 주목받는 게임들이 너무 자주 눈에 띈다며 이제 게임 시장이 여성들 위주로 돌아간다고 투덜거리는 목소리가 들린다. 앞서 다른 글에서 언급한 것처럼, 변화를 추구하는 제작사와 이런 흐름에 우호적인 게이머들에게 실질적인 적개심을 드러내면서 피해를 입히는 게이머들 또한 동서양을 막론하고 존재한다.

많은 게임에서 여성은 여전히 구원이 필요한 존재로 묘사되고 있다. 군이 변화를 시도하지 않아도 기본적으로 판매량이 보장되었기 때문이다. 다양한 캐릭터들을 세일즈 포인트로 삼지만, 연령대와 외형이 천차만별인 남성 캐릭터들과 달리 여성 캐릭터들의 얼굴은 하나같이 도장으로 찍어낸 듯한 미인들뿐이며, 그게 시장에서 통한다고 한다.

아시아의 모바일 게임 시장은 어떤가? 여전히 도박장과 카지노를 변형한 뽑기 형식의 요금 체계를 추구하고 있으며, 많은 게임 광고가 여성 캐릭터들의 옷을 벗기는 것을 주된 판매 전략으로 삼고 있다. 도박성 콘텐츠로 단기간에 돈을 벌고 서비스를 종료한 후 비슷한 게임을 다시 만들어

반복적으로 유저들의 지갑을 갈취하는 식이다.

　그동안 게임이 다른 문화에 비해 과소평가 받았던 것은 사실이다. 게임이 '문화'로 대우받도록 노력하는 사람들도 분명 존재해왔지만, 아쉽게도 그들이 업계의 주류가 된 적은 없다. 게이머들을 위한다는 대부분의 개발사는 그동안 남성 중심적이며 경쟁적인 게임을 만들고, 그런 게임을 플레이하는 많은 유저들은 그런 게임을 제외한 나머지 게임들을 '아동용', '가족용', '여성용'이라고 부르며 자신들의 게임과 구분해왔다. 모두를 위한, 누구나를 위한 게임은 게임 문화가 부정적인 주목을 받을 때만 "우리 게임이 이렇게 잘하고 있습니다!"라고 발언하기 위한 도구로 사용된다. 이를테면 선정성과 사행성 논란으로 정부 규제에 관한 이야기가 나오는 순간, 자신들이 만든 게임이 아닌 예술성 있는 게임들의 사례를 보여주며 "게임은 문화입니다" 같은 캠페인을 벌이는 식이다.

　외국의 게임 광고가 온 가족이 게임을 즐기는 모습을 보여줄 때, 국내의 게임 광고는 "허락보다 용서가 쉽다" 같은 문구를 달아 게임을 누군가의 전유물로 남겨두고 싶어 한다. 기존에 게임을 즐기지 않았던 사람들이 〈링 피트〉나 〈동물의 숲〉을 즐기며 "그래도 이 게임은 다른 게임하고 다르잖아"라고 말할 때 그 말속에 담긴 의미를 더 이상 간과해서는 안 된다. 이 말은 게임이라는 매체가 사람들에게 어떻게 인식되고 소비되는지 단적으로 보여준다. '보통의 게임'을 대중들이 어떻게 인식하고 있는지 계속 주시해야 한다. 문화가 특정 계층만의 전유물이 되면 새로운 소비자가 유입되는 수보다 기존의 소비자가 이탈하는 수가 압도적으로 높을 수밖에 없고, 그렇게 되면 해당 문화는 사양 산업이 될 수밖에 없기 때문이다.

해외의 대형 개발사는 시장을 넓히고 다양한 소비자를 확보하기 위해 노력 중이다. 앞서 말한 여성 주인공의 증가도 그 예시 중 하나다. 유비소프트의 〈어쌔신 크리드: 오디세이〉를 켜면 첫 화면에 다음과 같은 문구가 출력된다. "이 가상 시나리오는 다양한 종교, 성적 성향 및 성 정체성을 가진 다문화 팀에서 기획·개발·제작했습니다." 예상했겠지만, 이 한 줄짜리 문구를 보고 비게이머들의 환심을 사려고 넣었다며 불만스러워하는 자칭 게이머들이 꽤 있었다.

문제는 해외에서 다양한 시도를 통해 '백인 성인 남성' 외의 계층을 게이머로 포용하려 할 때, 한국의 몇몇 게이머들은 스스로 백인 남성의 지위에 있는 양 보수적인 백인 남성 게이머의 입장을 적극적으로 대변하고 있다는 것이다.

이들은 게이머게이트 사건 때 조이 퀸에 대한 온갖 음해 기사를 적극적으로 번역했으며, PC(정치적 올바름)가 게임을 망친다고 투덜거리며, 게임 속에 '유색 인종'이 많이 나온다고 불만스러워한다. 그들이 게임 회사의 주된 마케팅 대상인 '백인 성인 남성'이었던 적이 없었음에도 말이다.

왜 자기들 외의 다른 게이머들을 비게이머로 취급하며 '게이머'라는 집단에서 배제하려 하는가. 게임 산업이 발달한 이래로 게임은 계속 남성들의 장난감인 듯 소비되고 있지만, 게임 산업을 비추는 스포트라이트 뒤에는 많은 여성 개발자들과 여성 게이머들이 존재해왔고, 앞으로도 존재할 것이다. 다양한 인종과 성별의 사람들이 한데 모여 게임 산업을 굴려가고 있다. 게임 패드나 키보드를 잡기 위해 특별한 자격이나 대단한 기술이 필요했던 적은 단 한 번도 없었다. 게임을 즐기는 순간 누구나 게이머가 될 수 있다. 그렇기 때문에 게임을 즐기는 여성 게이머는 나 혼자가 아니었고, 앞으로도 혼자가 아닐 것이다.

주

[1] 유지영, 〈게임업계 내 '여성 블랙리스트' 실제로 존재하나?〉,《오마이 뉴스》, 2019.11.18.

[2] Tim Mulkerin, "You can thank Anita Sarkeesian for being able to play Emily in 'Dishonored 2'", *MIC*, 2017.6.15.

[3] Jason Schreier, "Ubisoft Family Accused of Mishandling Sexual Misconduct Claims", *Bloomberg*, 2020.07.21 (https://www. bloomberg.com/news/articles/2020-07-21/ubisoft-sexual-misconduct-scandal-harassment-sexism-and-abuse).

[4] BFI 런던 필름 페스티벌에서 진행된 메릴 스트립 인터뷰, 국내 번역 동영상은 다음을 참조. https://www.youtube.com/watch?v=4lKKV AmWqGQ&feature=youtu.be

[5] 한혜원,《앨리스 리턴즈》, 이화여자대학교출판문화원, 2016, 274쪽.

[6] 송두헌 외, 〈한국 남녀 청년 게이머의 플레이 취향과 성차 및 성 고정 관념〉, 2017, 76쪽.

가솔린	김현성	메이우드
강성진	깨망	명랑
강지웅	꺼미베어	모나위
거울앨리스	나쵸	모조닌겐
굼들	노송희	무개념
권정현	능하몬	무이
금정연	단도	물방울
김끼룩	담율	뮤리
김민정	당게	미카
김송이	당돌한만두	박기태
김수지	대포	박재민
김시이	리게트	반반
김지우	립	밧따
김지현	ㅁㄴㅇㄹ	배정민
김하나	맑음	백목림
김향미	매력앙리	백소하

백승우	오영욱	진현영
보라몬	우드	쨈8
뷔엑	유상희	채서현
뿌	유영재	채수민
선인장	율랴	최상율
설	이믿음	최연희
수과	이보연	최재경
슬픈눈빛	이연주	최진기
시험안끝났다	이윤은지	코브라
쌩	이전환구	키루찌
씨힐라스	이창석	판다 쥬잉
아그니	이하늘	판타지선생
아름	이한	피곤
안영주	이한결	하나
안지연	임송화	하늬
앎	잉님	한겨르
양진희	정경미	항상로리같은생활
에이마	지노	햄
연치	지댕	허영민
예진	진재연	혜랑
오소람	진주	홍서

효뎡	Jenny	remarkablue
후추박하	JS	Rochefort
흐린 세상 건너기	Juanita	soojy****
히옥스	Jy Jung	Starry Stella
01771	Kang Dong Su	thd
2gold	Kim Kangseok	tlseh****
2호	kjhnklr	under****
Bacchus	mini	warm gray and blue
Bengi	myred****	Water
BONGBONG	n****	Windrome
eunjin****	nomen	Yoonjung Choi
fores****	non****	
Jade.Min	Noton Alcyone	

그 밖에 이름을 밝혀주시지 않은 분을 포함해 총 149분께서 참여해주셨습니다.
깊이 감사드립니다.